Ernst Ott

# Der schlaue Fuchs

# So trainiere ich meine Konzentration

*Leichter lernen für jung und alt.*

Dieses Aktivbuch gehört

_____

_____

Ich habe damit begonnen,

als ich _____ Jahre alt war.

Alle Rechte vorbehalten
Umschlaggestaltung und Cover-Illustrationen: Rincón² Design & Produktion
Innen-Illustrationen: Hans Leitzinger
Graphik und Layout des Innenteils: ewe Klingeis
Copyright © Lentz Verlag in der F. A. Herbig
Verlagsbuchhandlung GmbH, München
Copyright © dieser Ausgabe 1996 by Tosa Verlag, Wien
Printed in Austria

# So sollte man mit diesem Aktivbuch arbeiten.

1. Dieses Aktivbuch enthält 15 Kapitel mit praktischen Übungen und 4 Abschnitte (A,B,C und D), die sich ganz allgemein mit der Konzentration befassen.

2. Es ist nicht notwendig, diese Kapitel der Reihe nach zu bearbeiten.

3. Die Lösungen bitte in die Ergebnisfelder eintragen. Diese dann mit den Lösungen (»So ist es richtig!«), die auf der Einführungsseite vorgegeben sind, vergleichen. Die Lösungen wurden bewußt nicht am Schluß des Buches zusammengefaßt, um ärgerliches Suchen zu vermeiden, und weil es eine Erfahrungstatsache ist, daß sich Menschen, die ihre Arbeitsergebnisse selbst korrigieren, in den wenigsten Fällen selbst betrügen.

4. Ist das Ergebnis richtig, dann sollte man es im Ergebnisfeld bei der betreffenden Übung abhaken (✓). Wenn die Ergebnisse nicht mit der Lösung übereinstimmen, dann die Ursache der Fehler feststellen.

5. Die Texte in diesem Buch entsprechen dem Leseverständnis von Kindern. In den allgemeinen Kapiteln wurden die jungen Leser daher auch mit »du« angesprochen. Die Erwachsenen möchte ich um Verständnis dafür bitten.

6. Mit dem Aktivbuch sollte man nur solange arbeiten, wie es Freude macht. Lustloses Arbeiten bringt wenig Erfolg.

# Das ist der Inhalt
# des Aktivbuches.

# 1 Wie viele sind es?
## 1-3

Was gibt es da zu tun?

Bei den Aufgaben 1 und 2 sind verschiedene Tiere und bei der Aufgabe 3 verschiedene geometrische Figuren abgebildet. Wieviele sind es von jeder Art? Die Ergebnisse sollten im Ergebnisfeld bei dem betreffenden Bild eingetragen werden.
Es ist schon wichtig, zügig zu arbeiten. Aber noch wichtiger ist es, daß die Ergebnisse stimmen.
Bitte beim Zählen keinen Bleistift verwenden.

So ist es richtig!

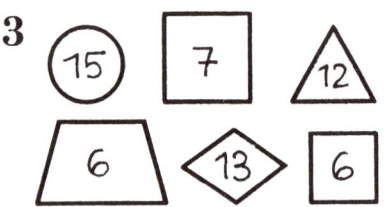

6

# Wie viele sind es?

1

# Wie viele sind es?

**2**

3

# 2 4-7 Welches Teilstück sieht man nicht?

## Was gibt es da zu tun?

Bei den folgenden Aufgaben stehen auf dem ersten
Balken jeweils einige geometrische Figuren.
Darunter findet man die gleichen Abbildungen, aller-
dings wurde von jeder ein Stück weggeschnitten.
Es ist unter den darunter abgebildeten Teilstücken
zu finden.
Welches sind die richtigen Teilstücke? Bitte die
betreffenden Buchstaben im Ergebnisfeld eintragen.

## So ist es richtig!

| | 1 2 3 | | 1 2 3 | | 1 2 3 | | 1 2 3 4 |
|---|---|---|---|---|---|---|---|
| 4 | E D G | 5 | B H I | 6 | I D E | 7 | E I M H |

# Welches Teilstück sieht man nicht?

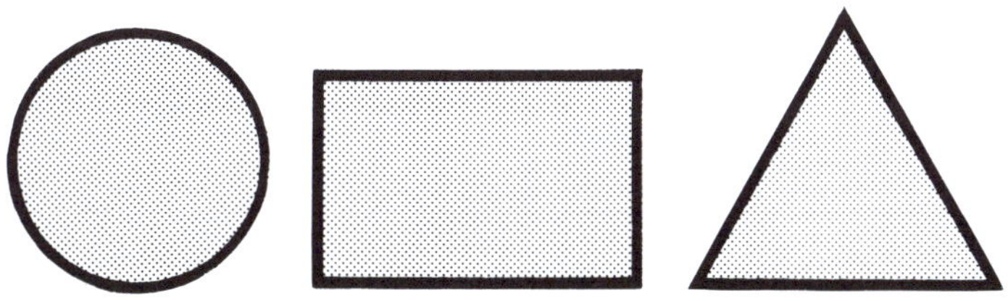

4

1

2

3

A

B

C

D

E

F

G

# Welches Teilstück sieht man nicht?

| | 1 | 2 | 3 |
|---|---|---|---|
| **5** | | | |

**5**

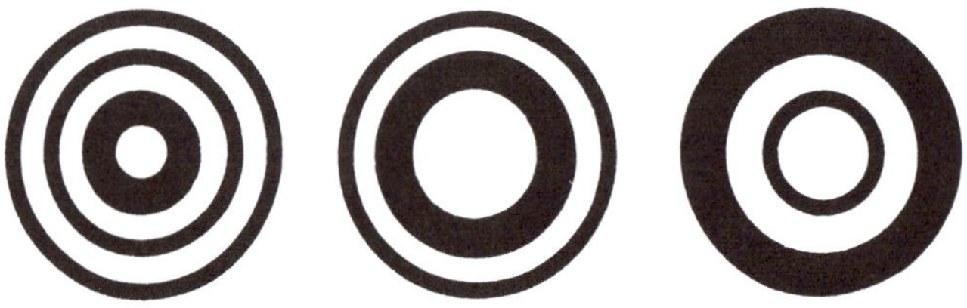

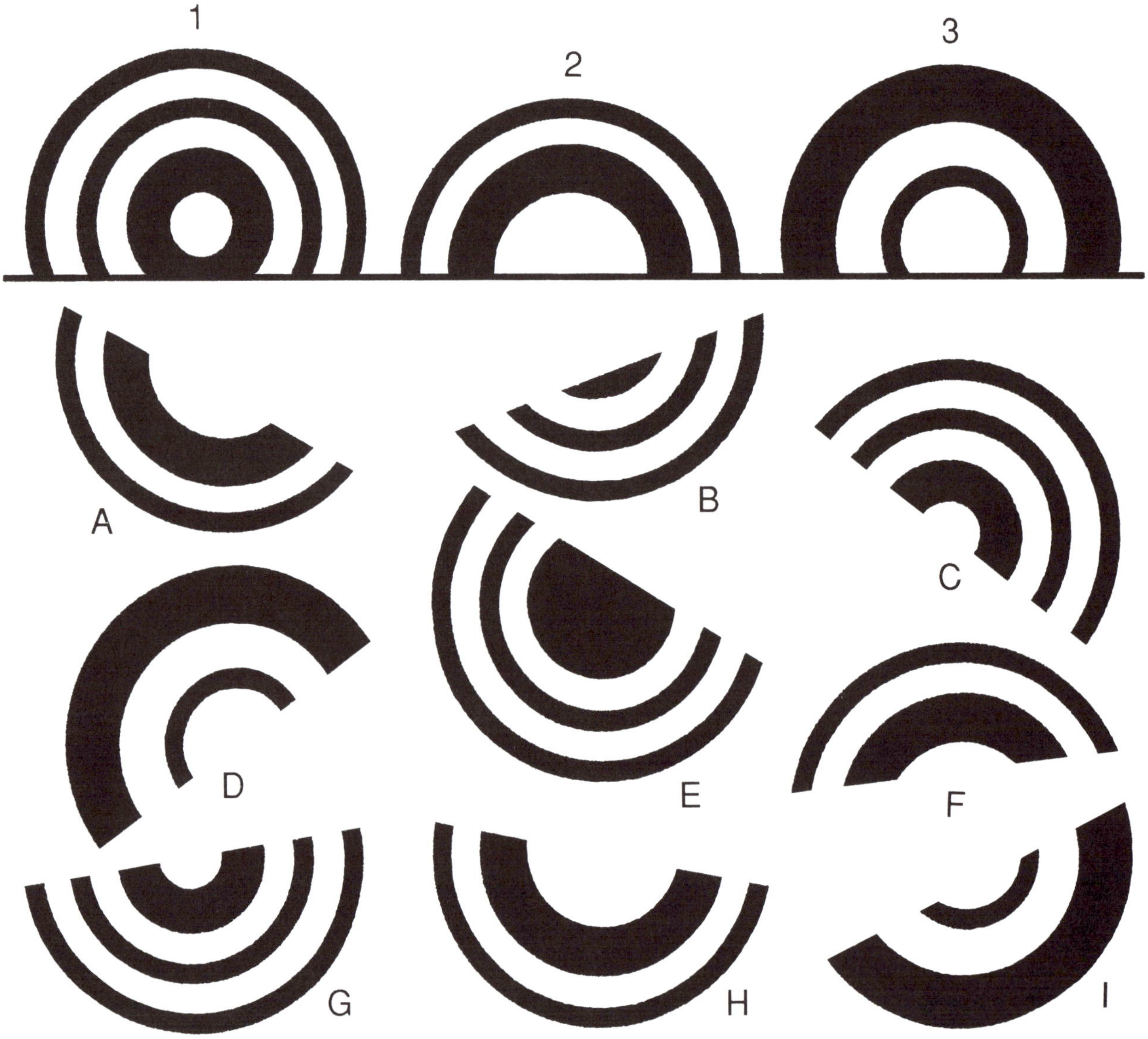

1
2
3
A
B
C
D
E
F
G
H
I

**6**

1 2 3

A

B

C

D

E

F

G

H

I

# Welches Teilstück sieht man nicht?

| | 1 | 2 | 3 | 4 |
|---|---|---|---|---|
| 7 | | | | |

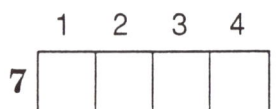

**7**

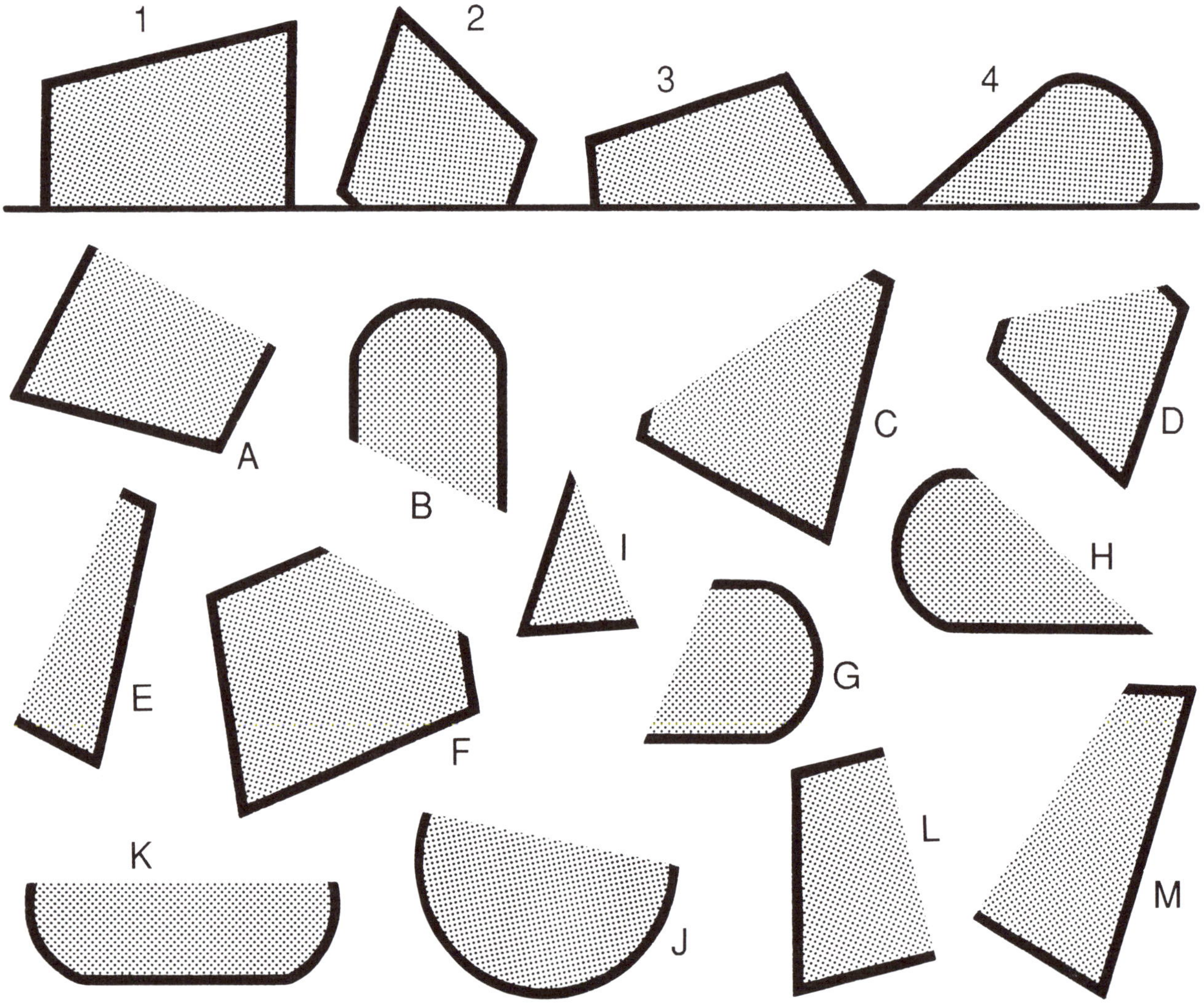

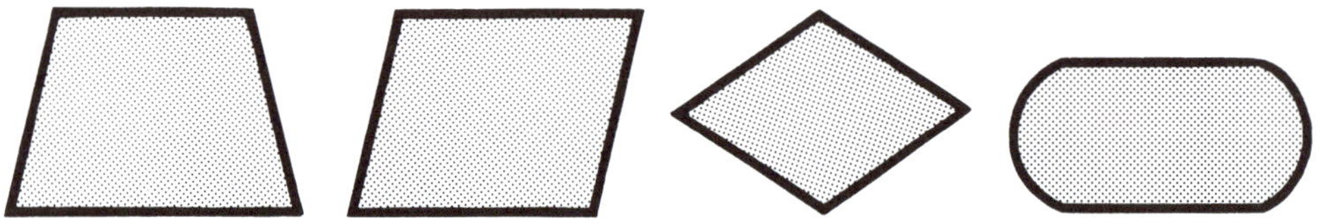

# A Konzentration, was bedeutet das?

Ein Nobelpreisträger, also ein sehr gescheiter Mann, hat einmal gesagt: »Ohne Konzentration ist der Verstand wertlos.«

Konzentration ist demnach etwas sehr Wichtiges!

Was bedeutet es, konzentriert zu sein? Kurz gesagt: Bei der »Sache« sein. Sich nicht ablenken lassen, nicht an anderes denken. Die Aufmerksamkeit allein auf das richten, was es gerade zu tun gilt.

Also zum Beispiel genau zuhören, um das zu verstehen, was gesagt wurde. Oder beim Lesen gedanklich beim Text bleiben und die Gedanken nicht abschweifen lassen. Wer unkonzentriert ist, ist »geistesabwesend«. Ein »Geist«, der nicht »anwesend« ist, kann natürlich auch nichts aufnehmen. So wird Lernen ganz unmöglich. So kann man keine guten Arbeiten schreiben, selbst dann nicht, wenn die Vorbereitung gut war.

Auch Sportler klagen: »Ich konnte mich nicht konzentrieren, daher kein Erfolg.« Unkonzentriertheit kann auch gefährlich sein. Beim Rad- oder Autofahren genügt oft ein Augenblick der Unachtsamkeit, um einen Unfall zu verursachen.

Aus all dem wird klar, daß es notwendig ist, die Konzentrationsfähigkeit zu fördern.

Dieses Aktivbuch zeigt, wie es gemacht werden kann.

# 3 Groß, kleiner,
## 8–19 am kleinsten.

Was gibt es da zu tun?

Jede der hier folgenden Aufgaben enthält sechs Abbildungen. Natürlich erkennt man sofort, daß sie unterschiedlich groß sind.
Es gilt nun, die Abbildungen der Größe nach zu ordnen und die zu den Abbildungen gehörenden Ziffern im Ergebnisfeld einzutragen. Bitte dabei mit der größten beginnen.

So ist es richtig!

8 | 2 | 6 | 1 | 4 | 3 | 5     12 | 4 | 1 | 6 | 2 | 3 | 5     16 | 5 | 1 | 6 | 3 | 4 | 2

9 | 2 | 3 | 1 | 4 | 6 | 5     13 | 3 | 4 | 6 | 1 | 2 | 5     17 | 3 | 4 | 5 | 1 | 6 | 2

10 | 5 | 1 | 6 | 4 | 3 | 2     14 | 5 | 1 | 2 | 4 | 6 | 3     18 | 4 | 5 | 1 | 3 | 6 | 2

11 | 5 | 6 | 4 | 1 | 3 | 2     15 | 3 | 2 | 1 | 5 | 4 | 6     19 | 5 | 3 | 6 | 1 | 2 | 4

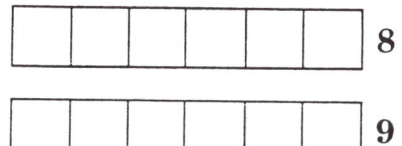 8

9

 1
 2
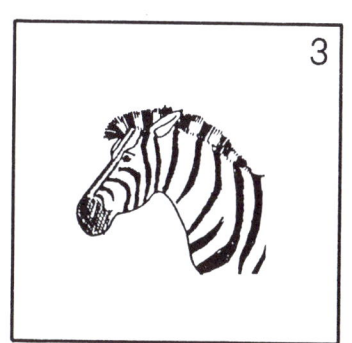 3

 4
 5
 6

**8**

 1
 2
 3

 4
 5
 6

**9**

17

# Groß, kleiner,
# am kleinsten.

10 | | | | | | |
11 | | | | | | |

**10**

**11**

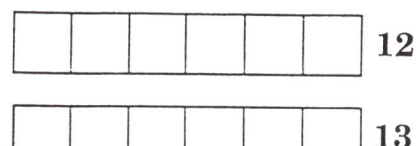 12

13

**12**

**13**

# Groß, kleiner, am kleinsten.

**14**

**15**

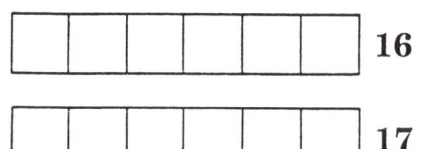 16

17

# Groß, kleiner, am kleinsten.

 1
 2
 3

 4
 5
 6

**16**

 1
 2
 3

 4
 5
 6

**17**

# Groß, kleiner, am kleinsten.

| | | | | | | |
|---|---|---|---|---|---|---|
| 18 | | | | | | |
| 19 | | | | | | |

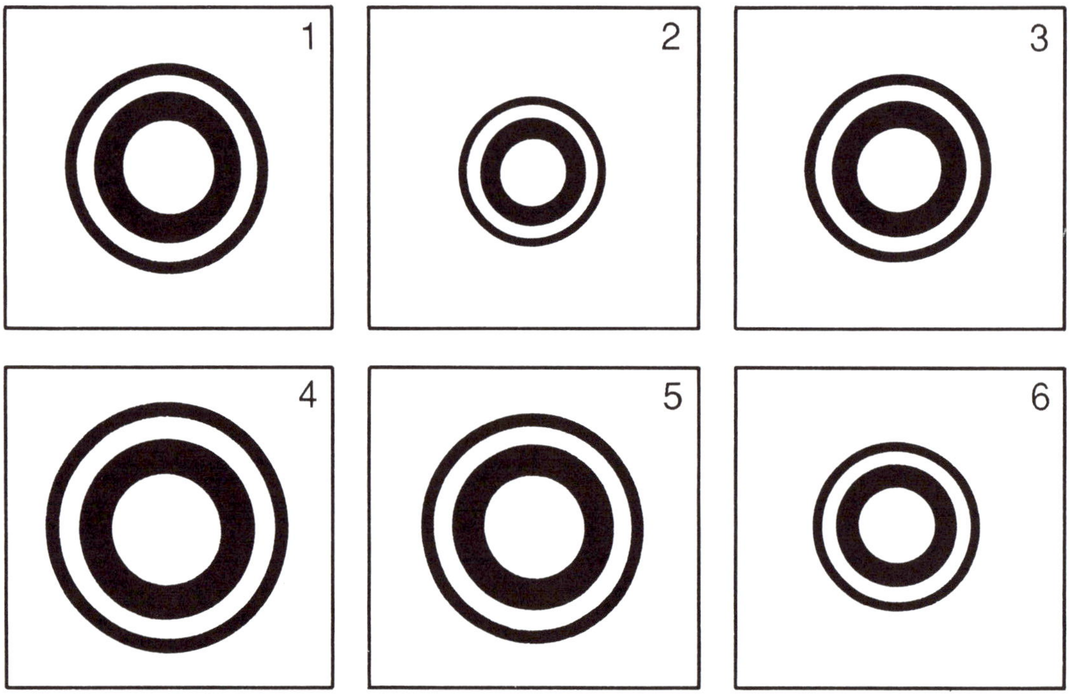


18

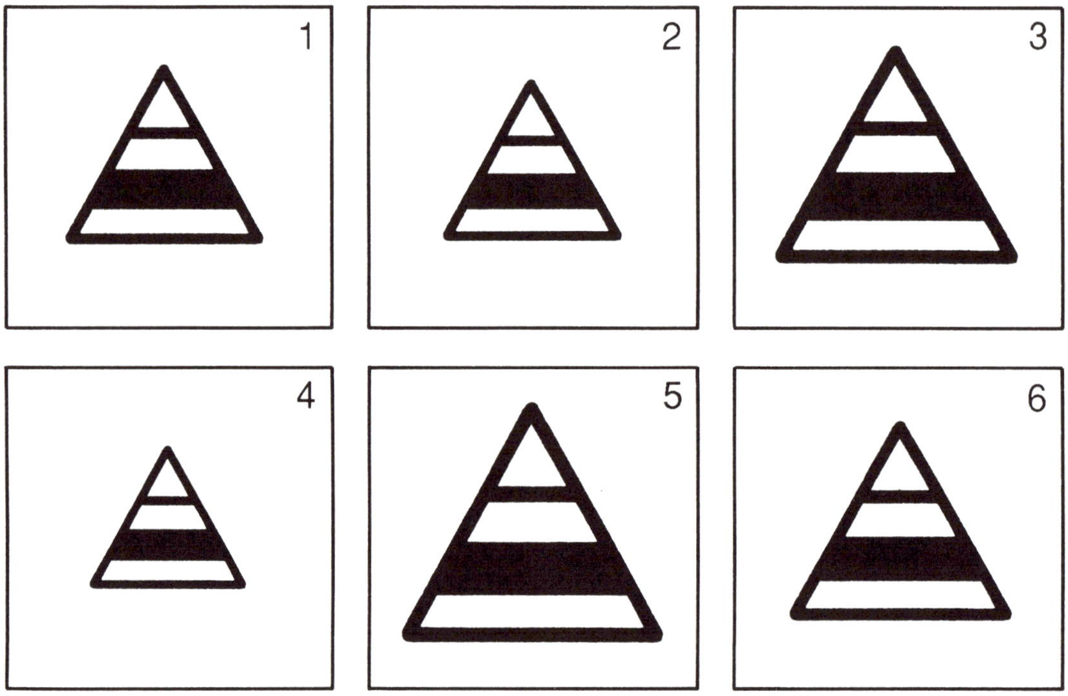


19

## B Warum ist es oft leicht, sich zu konzentrieren, und warum fällt es manchmal so schwer?

Wie ist es bei einem Film, der dich interessiert, wie bei einem Buch, das du spannend findest? Konzentration ist hier natürlich kein Problem! Ein Fußballfan sitzt eineinhalb Stunden vor dem Fernseher, ist voll konzentriert! Er läßt sich durch nichts ablenken.

Auch im Unterricht ist es so. Manchmal ist man voll dabei, dann aber gibt es wieder Stunden, wo man mit den Gedanken ganz weit weg ist. Voll dabei ist man, wenn einen die Sache, um die es geht, interessiert.

Wann aber ist man interessiert? Immer dann, wenn man »mitkommt«, wenn man das versteht, was geboten wird, wenn es irgendwie von Nutzen ist, wenn man sich auf eine gute Note, auf ein Lob freuen kann. Man macht eben nur das gerne, was Erfolg verspricht.

Was aber ist, wenn man im Unterricht »nicht mitkommt«? Man verliert doch dann bald den Anschluß. Interesse und Konzentration brechen zusammen. Hier nützt nur eins: Sorge dafür, daß du das Versäumte bald nachholst. Hier mußt du dich auch mal zum Lernen zwingen. Wenn dann die ersten Erfolge kommen, wächst auch das Interesse und die Konzentration.

Dann macht es Spaß. Und wenn man Dinge mit Freude tut, bleibt der Erfolg nicht aus.

# 4 20-38 Nur ein kleiner Unterschied.

## Was gibt es da zu tun?

Auf den ersten Blick erkennt man wohl zwischen den Abbildungen jeder Reihe keinen Unterschied. Tatsächlich unterscheidet sich aber eine Abbildung von den übrigen um eine Kleinigkeit. Diese gilt es herauszufinden.
Bitte den entsprechenden Buchstaben im Ergebnisfeld ankreuzen.

## So ist es richtig!

| | A | B | C | | | A | B | C | D | | | A | B | C | D |
|---|---|---|---|---|---|---|---|---|---|---|---|---|---|---|---|
| 20 | | × | | | 27 | | × | | | 34 | × | | | |
| 21 | × | | | | 28 | | | × | | 35 | | × | | |
| 22 | | × | | | 29 | × | | | | 36 | | | × | |
| 23 | | | × | | 30 | | × | | | 37 | | × | | |
| 24 | | × | | | 31 | | | × | | 38 | | | × | |
| 25 | × | | | | 32 | | | | × | | | | | |
| 26 | | | × | | 33 | | | × | | | | | | |

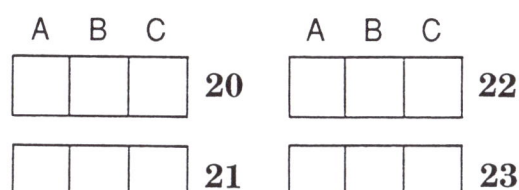

| A | B | C |   |
|---|---|---|---|
|   |   |   | 20 |

| A | B | C |   |
|---|---|---|---|
|   |   |   | 22 |

| A | B | C |   |
|---|---|---|---|
|   |   |   | 21 |

| A | B | C |   |
|---|---|---|---|
|   |   |   | 23 |

# Nur ein kleiner Unterschied.

| A | B | C |
|---|---|---|

**20**

**21**

**22**

**23**

25

# Nur ein kleiner Unterschied.

| | A | B | C |
|---|---|---|---|
| 24 | | | |
| 25 | | | |
| 26 | | | |

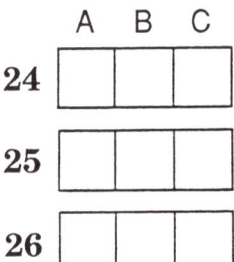

A B C

24

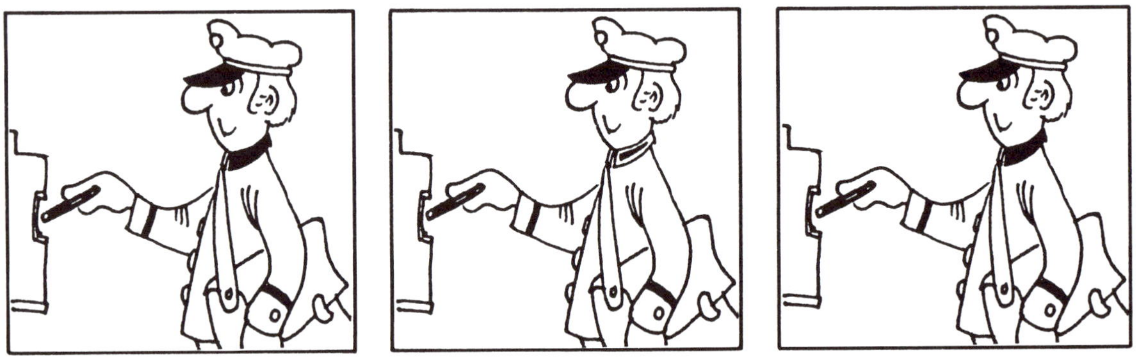

25

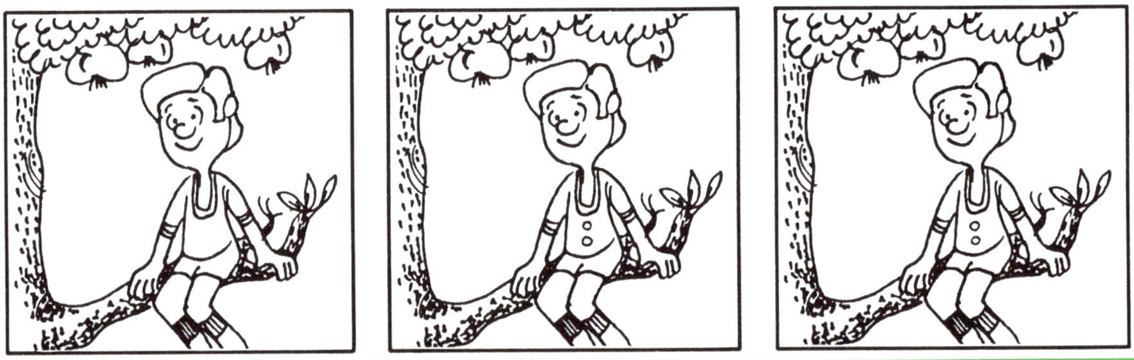

26

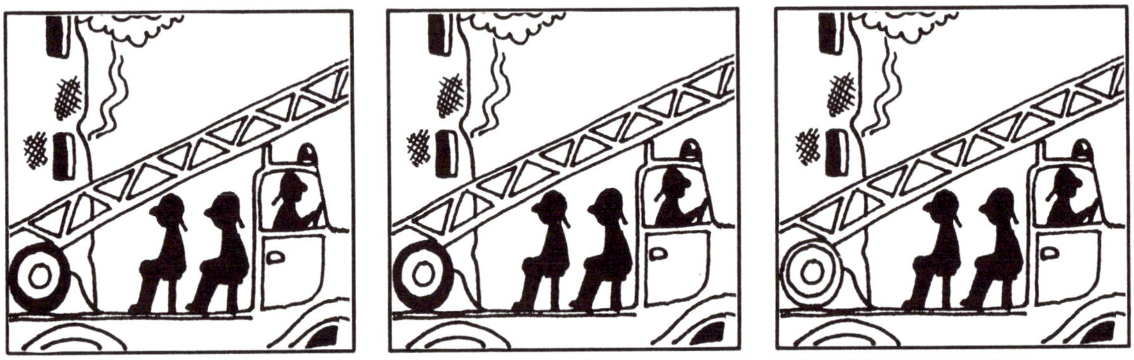

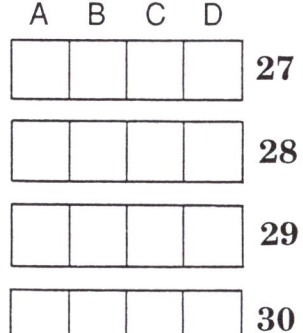

| A | B | C | D | |
|---|---|---|---|---|
| | | | | 27 |
| | | | | 28 |
| | | | | 29 |
| | | | | 30 |

# Nur ein kleiner Unterschied.

A B C D

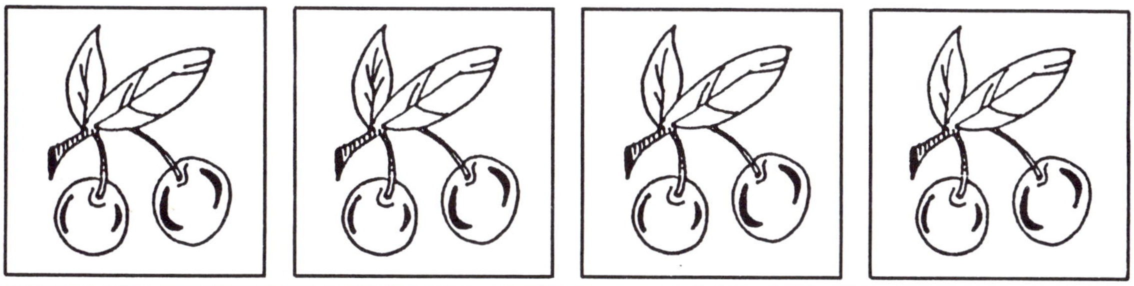

27

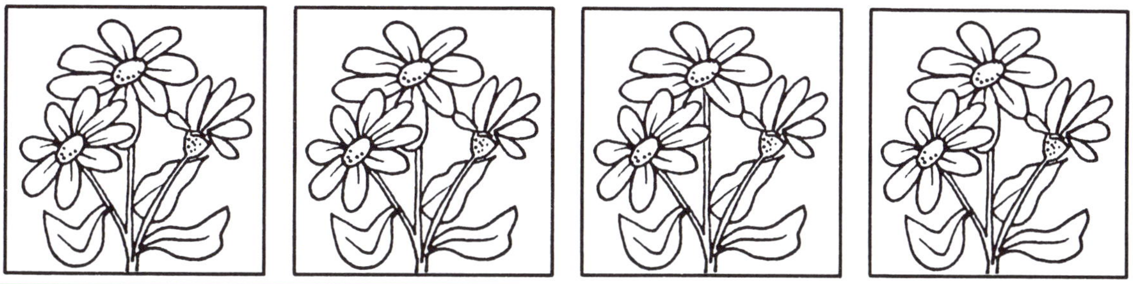

28

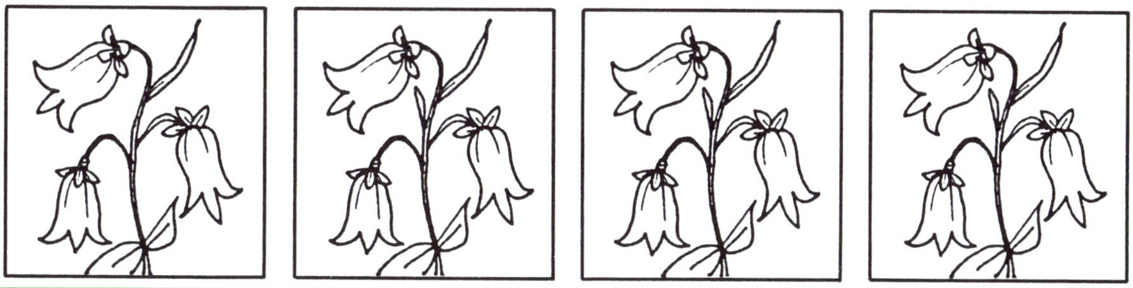

29

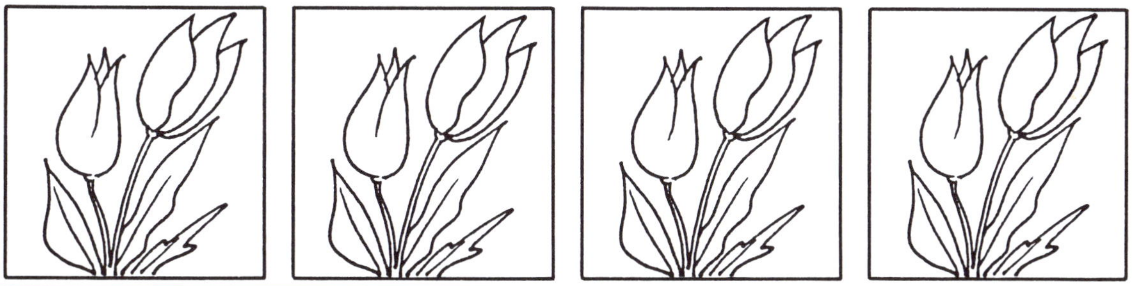

30

# Nur ein kleiner Unterschied.

| | A | B | C | D |
|---|---|---|---|---|
| 31 | | | | |
| 32 | | | | |
| 33 | | | | |
| 34 | | | | |

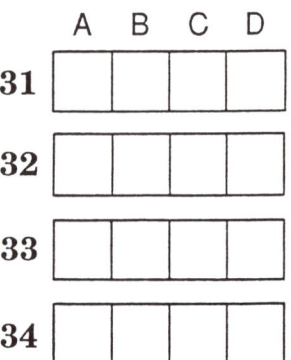

A B C D

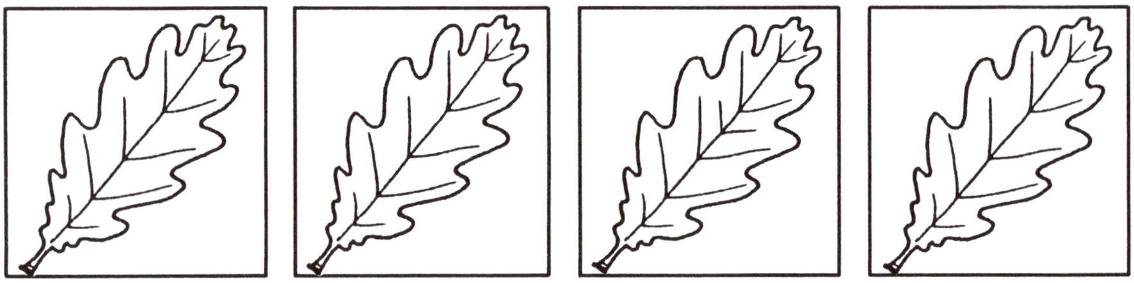

31

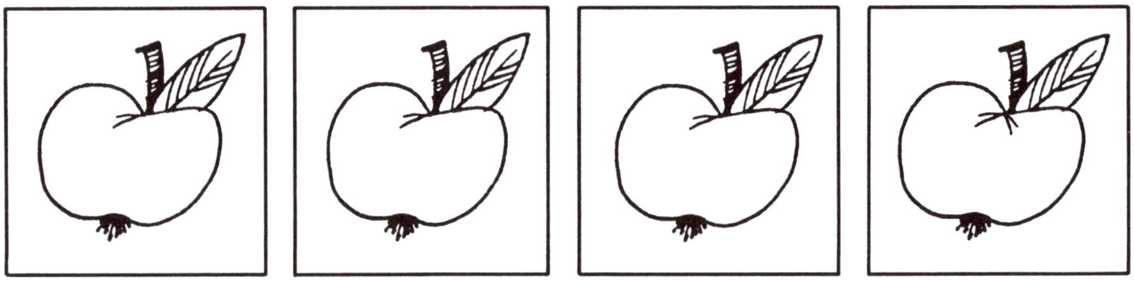

32

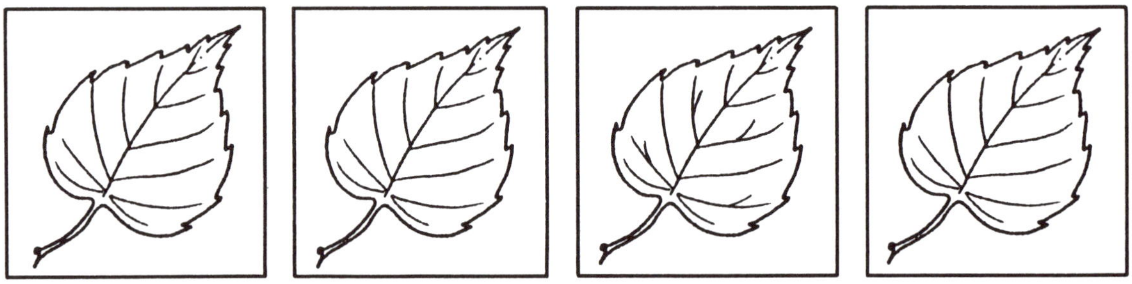

33

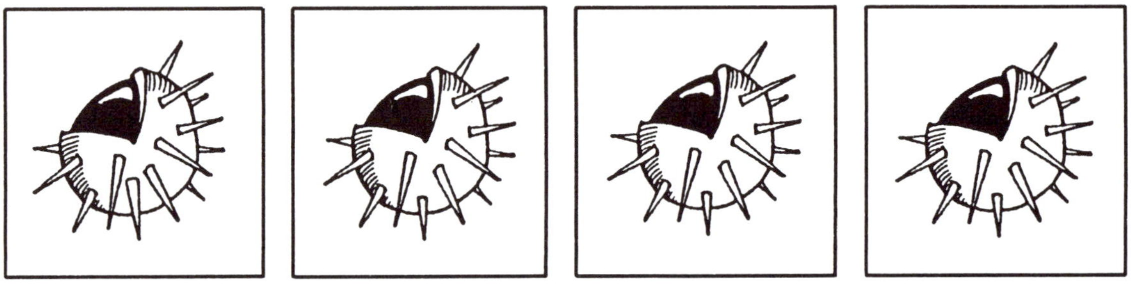

34

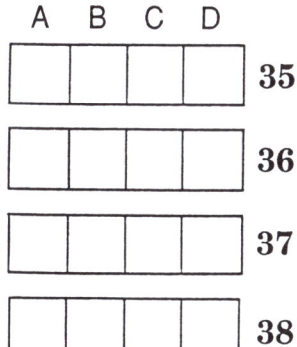

| A | B | C | D | |
|---|---|---|---|---|
|   |   |   |   | 35 |
|   |   |   |   | 36 |
|   |   |   |   | 37 |
|   |   |   |   | 38 |

# Nur ein kleiner Unterschied.

A  B  C  D

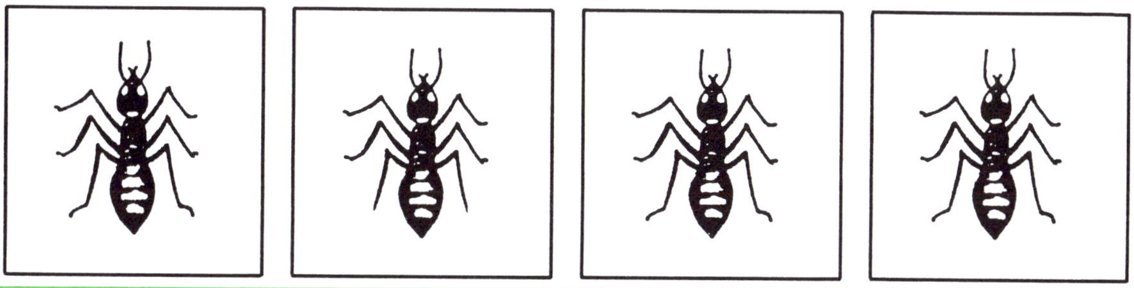

**35**

**36**

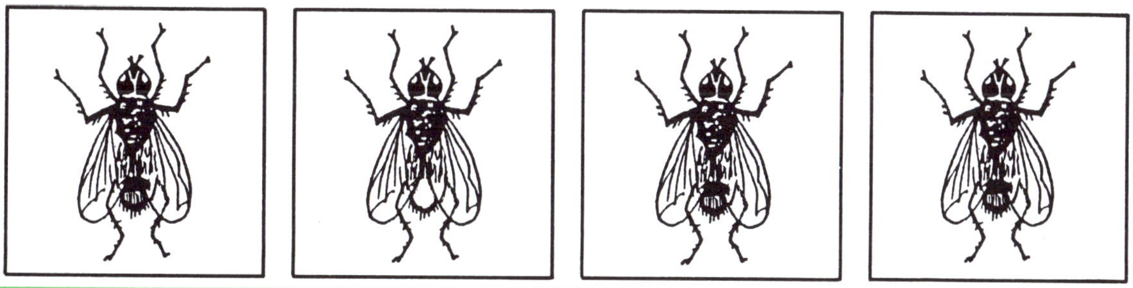

**37**

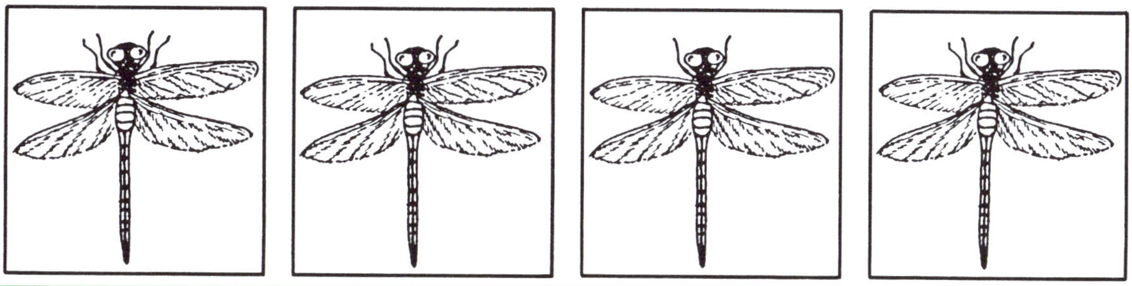

**38**

# 5 39-49 Welches ist das fehlende Teilstück?

## Was gibt es da zu tun?

Bei den folgenden Aufgaben findet man im dickumrandeten Feld verschiedene Abbildungen. Darunter sind die gleichen Abbildungen, allerdings ist hier jeweils ein Stück weggeschnitten.
Eines der danebenstehenden Teilbilder, die mit A, B und C bezeichnet sind, ist die richtige Ergänzung für die vordere Bildhälfte.
Welches ist das fehlende Teilstück? Bitte den entsprechenden Buchstaben im Ergebnisfeld ankreuzen.

## So ist es richtig!

| | A | B | C | | | A | B | C | | | A | B | C |
|---|---|---|---|---|---|---|---|---|---|---|---|---|---|
| 39 | | ✕ | | | 42 | ✕ | | | | 46 | | | ✕ |
| 40 | | | ✕ | | 43 | | ✕ | | | 47 | | ✕ | |
| 41 | | ✕ | | | 44 | | | ✕ | | 48 | | | ✕ |
| | | | | | 45 | ✕ | | | | 49 | ✕ | | |

A B C
39

A B C
41

40

# Welches ist das fehlende Teilstück?

A       B       C

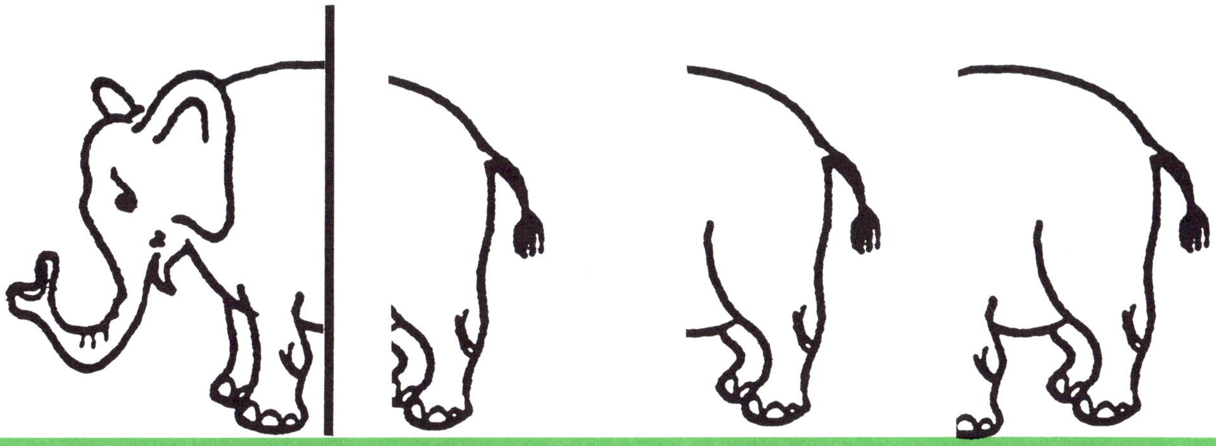

**39**

**40**

**41**

# Welches ist das fehlende Teilstück?

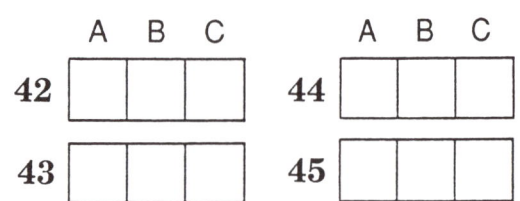

| | A | B | C | | A | B | C |
|---|---|---|---|---|---|---|---|
| 42 | | | | 44 | | | |
| 43 | | | | 45 | | | |

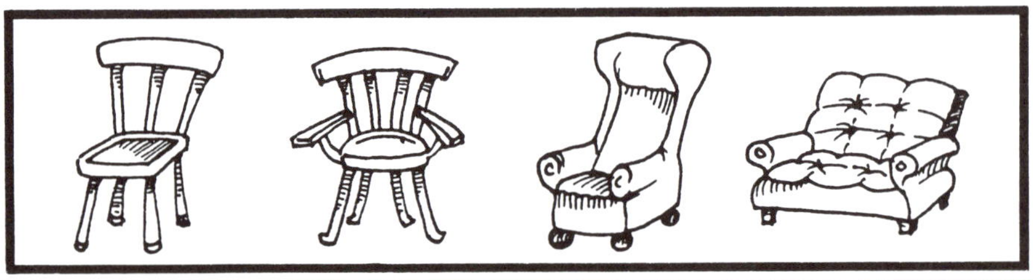

|  | A | B | C |
|---|---|---|---|
| **42** | | | |
| **43** | | | |
| **44** | | | |
| **45** | | | |

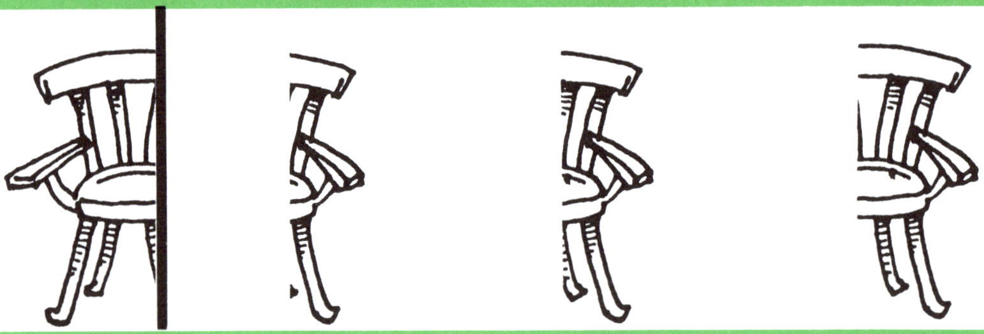

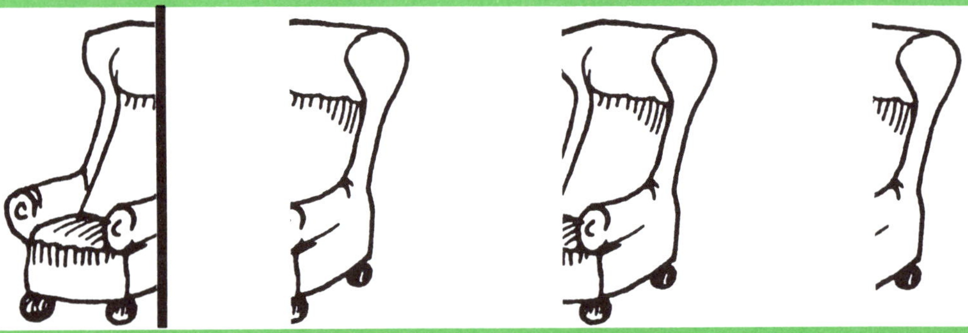

| A | B | C | | A | B | C | |
|---|---|---|---|---|---|---|---|
| | | | 46 | | | | 48 |
| | | | 47 | | | | 49 |

# Welches ist das fehlende Teilstück?

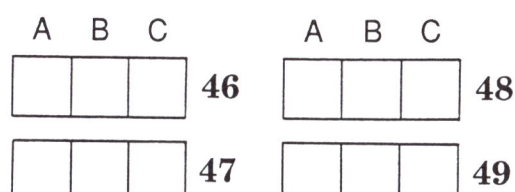

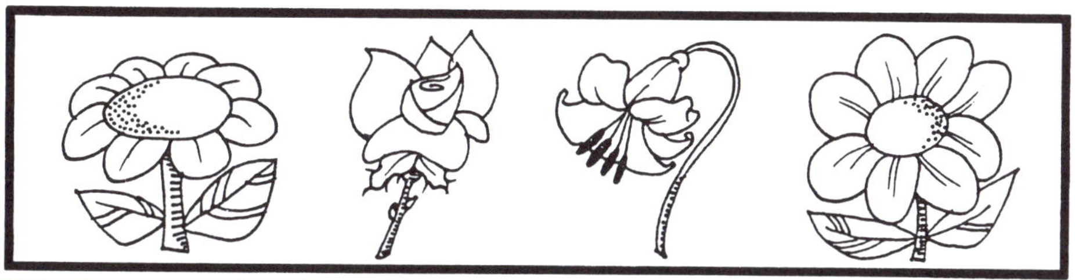

A B C

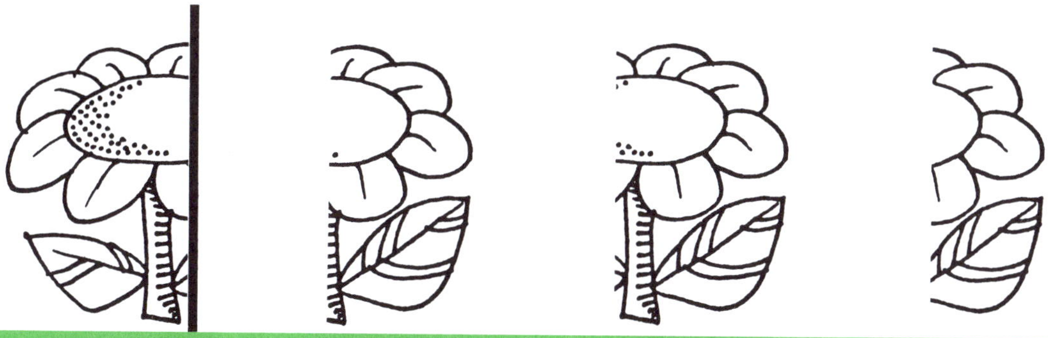

46

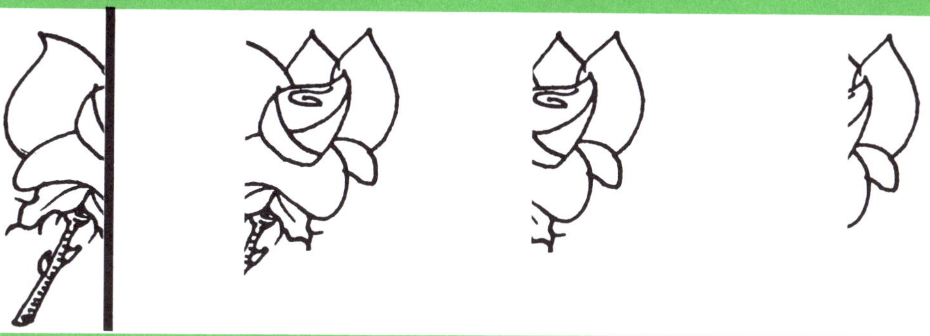

47

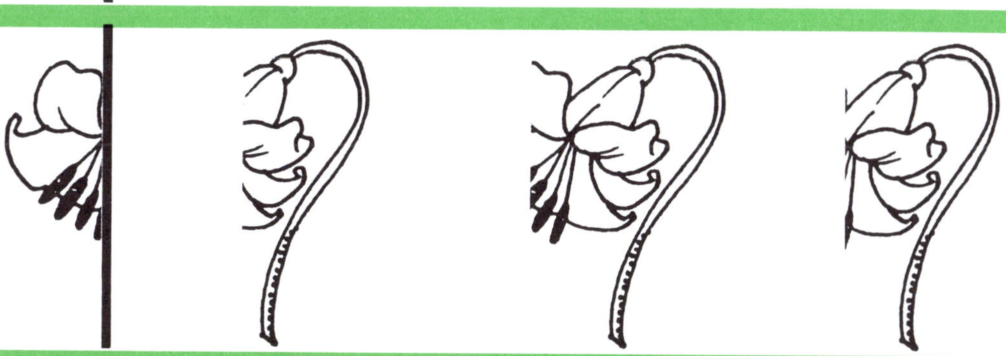

48

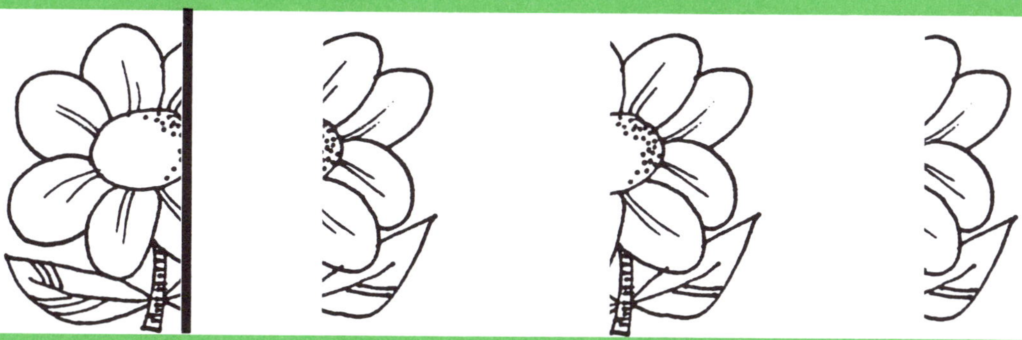

49

# 6 Was gehört nicht 50–79 dazu?

## Was gibt es da zu tun?

Das erste Bild jeder Reihe ist die Ausgangslage.
Dann folgen vier Bilder, die mit A–D bezeichnet sind.
Eines oder gar mehrere dieser Bilder stimmen mit
dem ersten nicht überein. Welche sind es wohl?
Bitte die betreffenden Buchstaben im Ergebnisfeld
ankreuzen.

## So ist es richtig!

| Nr. | A | B | C | D |  | Nr. | A | B | C | D |  | Nr. | A | B | C | D |  | Nr. | A | B | C | D |
|---|---|---|---|---|---|---|---|---|---|---|---|---|---|---|---|---|---|---|---|---|---|
| 50 |   |   | × |   |  | 58 |   | × |   |   |  | 66 |   | × |   |   |  | 74 |   | × |   |   |
| 51 |   | × |   | × |  | 59 |   |   |   | × |  | 67 |   |   | × |   |  | 75 |   |   |   | × |
| 52 |   |   | × | × |  | 60 | × |   |   | × |  | 68 |   |   |   | × |  | 76 | × |   | × |   |
| 53 | × |   |   | × |  | 61 |   | × |   |   |  | 69 | × |   | × |   |  | 77 |   | × |   |   |
| 54 |   | × | × | × |  | 62 |   |   |   | × |  | 70 |   | × |   |   |  | 78 | × |   |   | × |
| 55 |   | × | × | × |  | 63 | × |   |   |   |  | 71 | × |   | × | × |  | 79 |   |   | × | × |
| 56 | × |   | × |   |  | 64 |   |   | × |   |  | 72 |   |   | × | × |  |  |  |  |  |  |
| 57 |   |   |   | × |  | 65 | × |   |   | × |  | 73 | × |   | × |   |  |  |  |  |  |  |

34

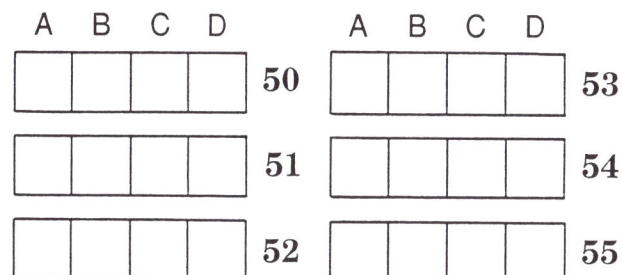

|   | A | B | C | D |   |
|---|---|---|---|---|---|
|   |   |   |   |   | 50 |
|   |   |   |   |   | 51 |
|   |   |   |   |   | 52 |
|   |   |   |   |   | 53 |
|   |   |   |   |   | 54 |
|   |   |   |   |   | 55 |

# Was gehört nicht dazu?

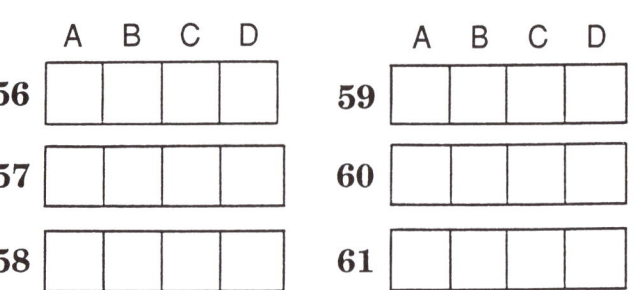

| | A | B | C | D |
|---|---|---|---|---|
| 56 | | | | |
| 57 | | | | |
| 58 | | | | |
| 59 | | | | |
| 60 | | | | |
| 61 | | | | |

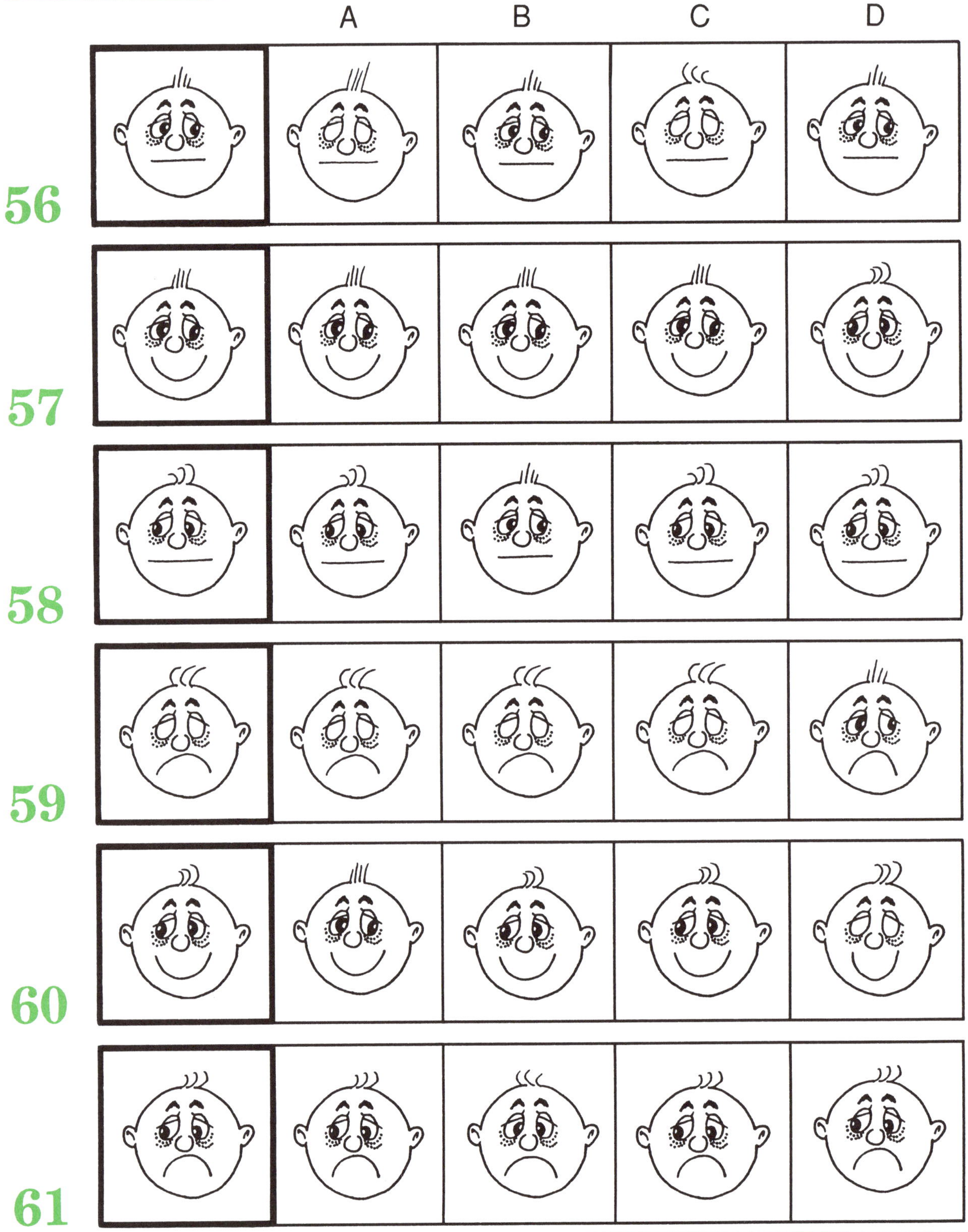

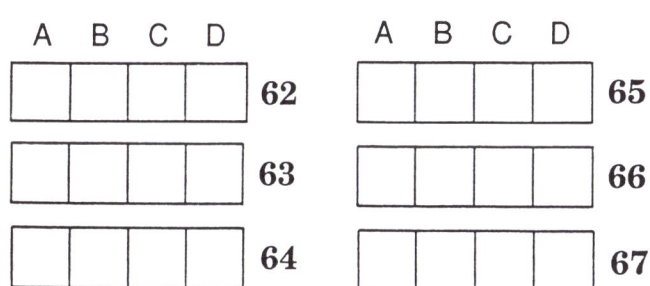

| | A | B | C | D | |
|---|---|---|---|---|---|
| | | | | | 62 |
| | | | | | 63 |
| | | | | | 64 |
| | | | | | 65 |
| | | | | | 66 |
| | | | | | 67 |

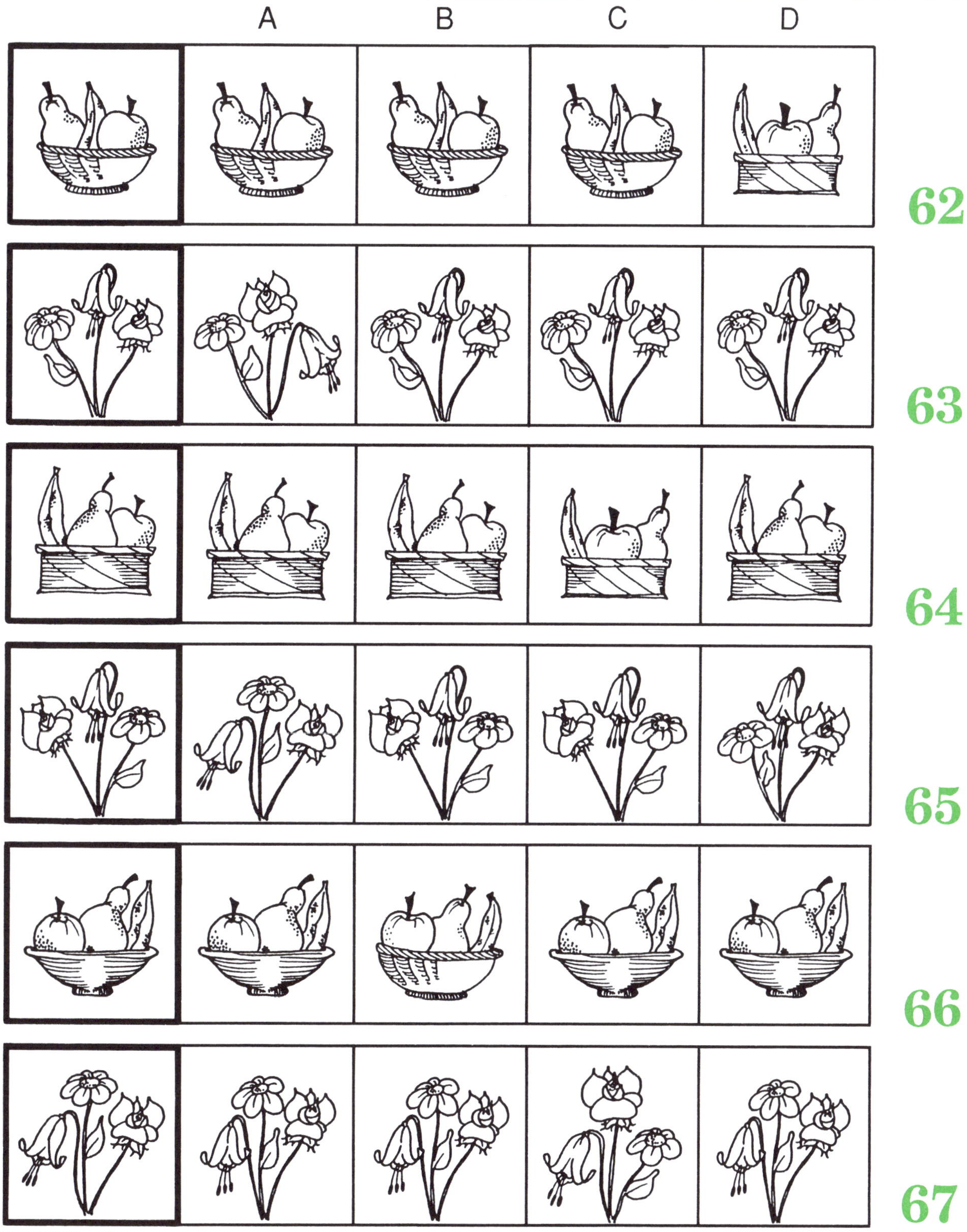

# Was gehört nicht dazu?

| | A | B | C | D |
|---|---|---|---|---|
| 68 | | | | |
| 69 | | | | |
| 70 | | | | |

| | A | B | C | D |
|---|---|---|---|---|
| 71 | | | | |
| 72 | | | | |
| 73 | | | | |

A B C D

68
69
70
71
72
73

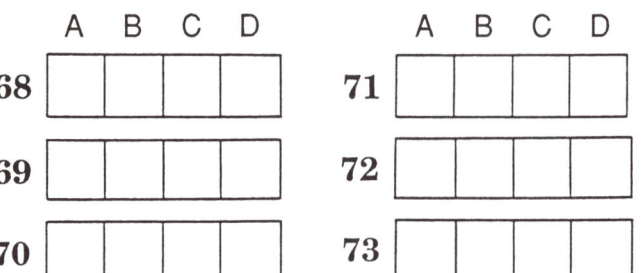

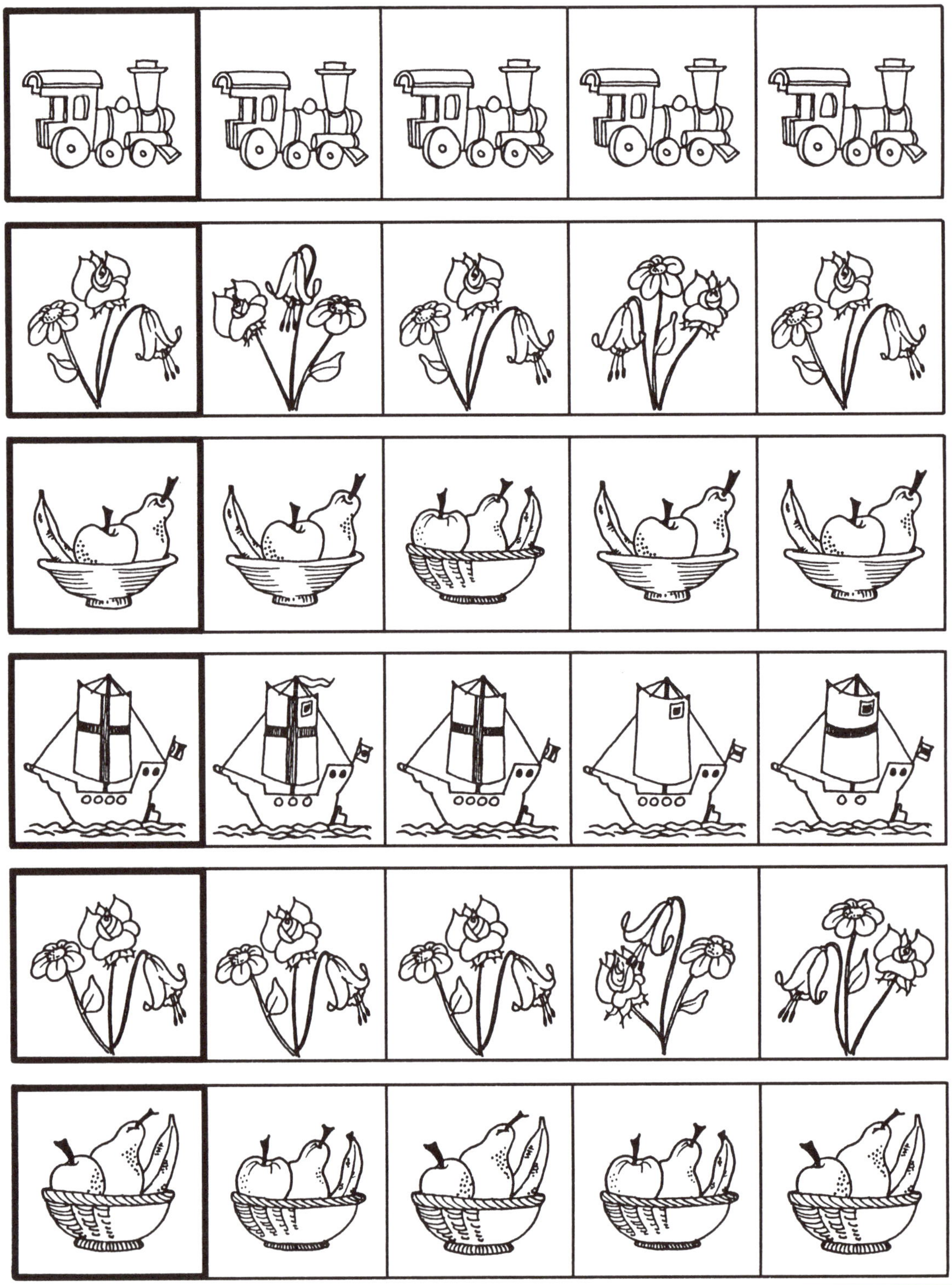

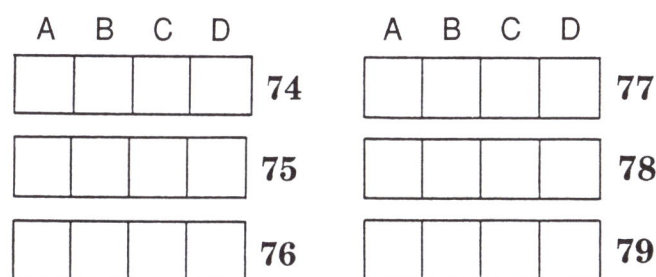

| | A | B | C | D | |
|---|---|---|---|---|---|
| | | | | | 74 |
| | | | | | 75 |
| | | | | | 76 |
| | | | | | 77 |
| | | | | | 78 |
| | | | | | 79 |

# Was gehört nicht dazu?

39

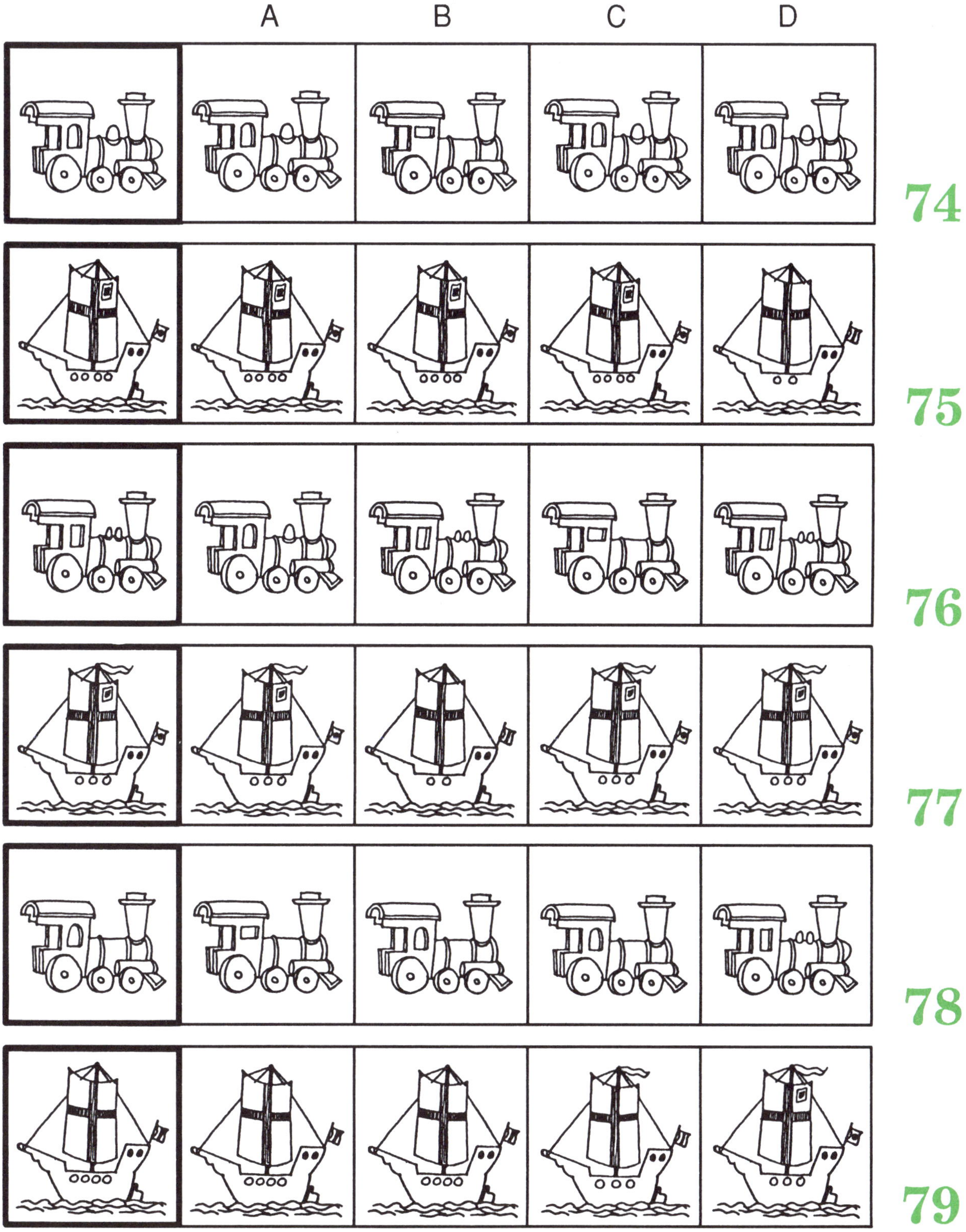

# 7
Welche Teilstücke ergeben das Bild?

**Was gibt es da zu tun?**

Bei den folgenden Aufgaben findet man zunächst ein vollständiges Bild und darunter verschiedene Bildteile. Wenn man einige von diesen richtig zusammensetzt, ergibt sich daraus das obenstehende Bild. Welches sind diese Teilstücke?
Bitte die betreffenden Zahlen im Ergebnisfeld eintragen.

**So ist es richtig!**

80

| | 2 | 3 |
|---|---|---|
| | 5 | |
| 7 | | |

81

| 1 | | |
|---|---|---|
| | 5 | 6 |
| 7 | | |

82

| 1 | | 3 |
|---|---|---|
| 4 | | 6 |
| | | 9 |
| | | 12 |

# Welche Teilstücke ergeben das Bild?

80

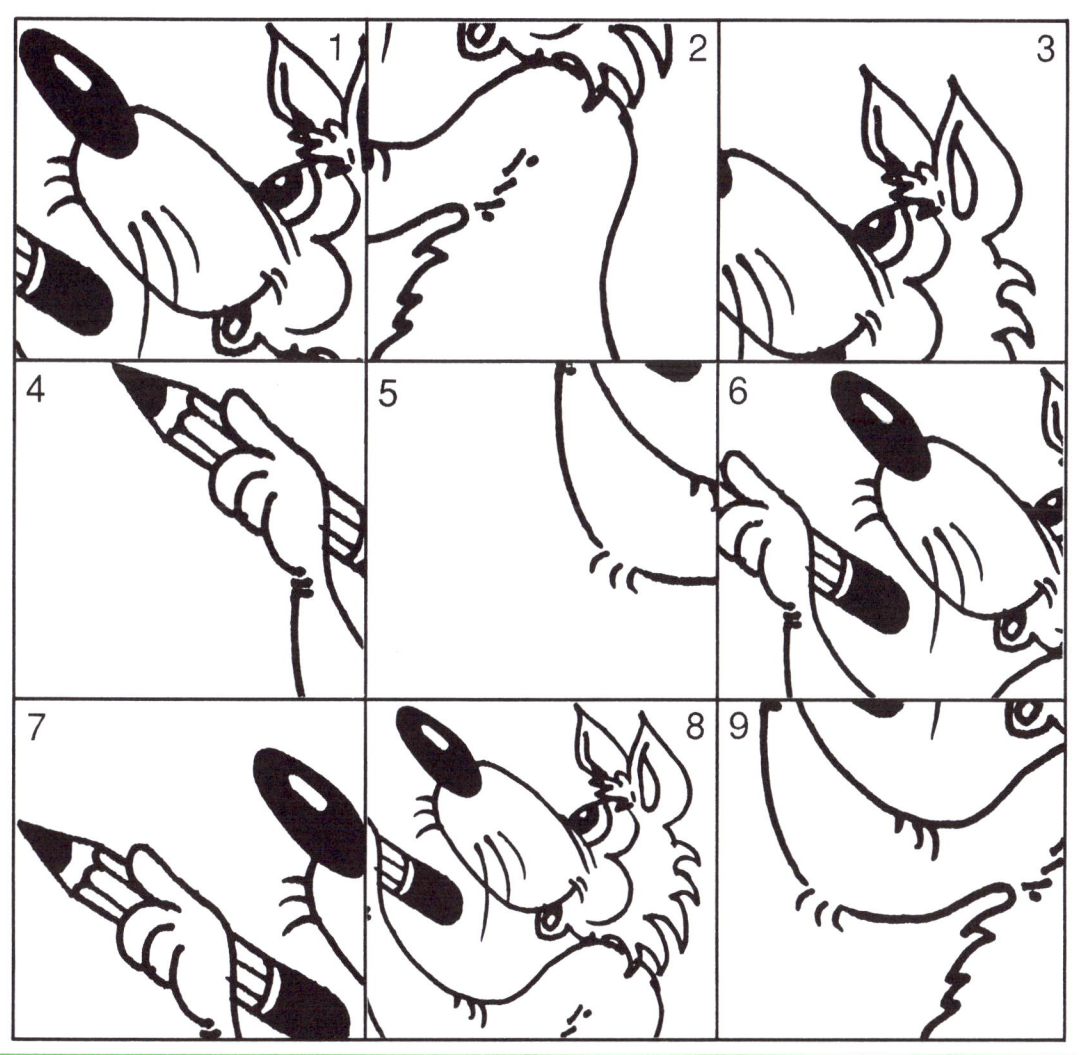

# Welche Teilstücke ergeben
## das Bild?

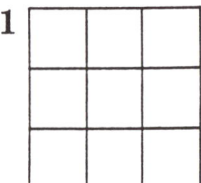

**81**

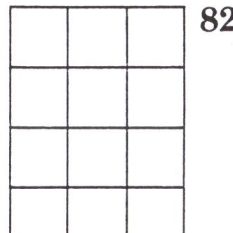

# Welche Teilstücke ergeben das Bild?

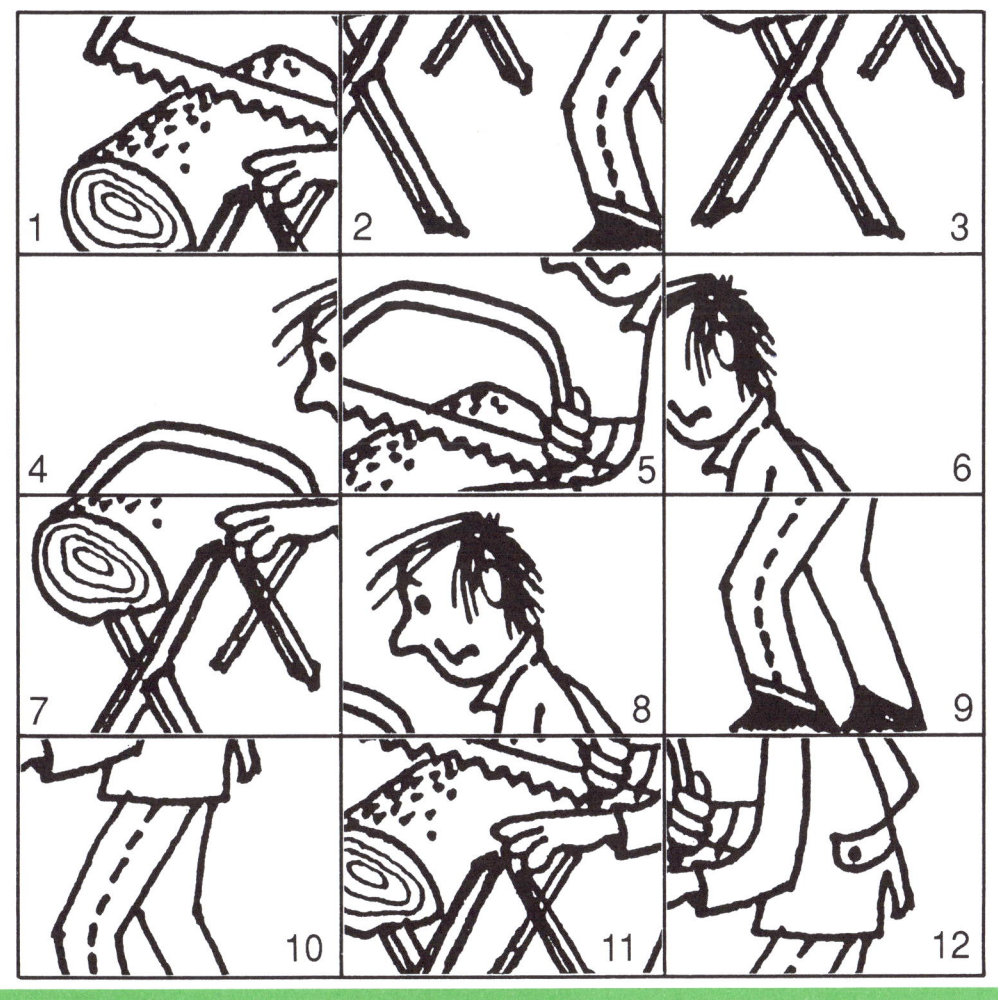

# 8 Was tanzt
## 83–86 aus der Reihe?

**Was gibt es da zu tun?**

Zuerst sollte man sich auf die Reihenfolge der Bilder im dickumrandeten Feld konzentrieren. Diese Reihenfolge stellt die Ausgangslage dar. Zuerst sieht man einen Igel, dann einen Hasen, schließlich einen Fisch und zuletzt einen Vogel. Diese Reihe ist beendet. Eine neue beginnt; wiederum mit dem Igel. Aber diesmal folgt nicht der Hase, sondern der Fisch. Der Fisch aber gehört nicht hierher; daher ist er durchgestrichen. Die Reihe ist fehlerhaft.
Im Aufgabenfeld sollten sich diese vier Bilder in der richtigen Reihenfolge ständig wiederholen. Aber auch hier haben sich Fehler eingeschlichen. Es gilt nun die Bilder herauszufinden, die aus der Reihe tanzen.
Im Ergebnisfeld sind die betreffenden Bilder anzukreuzen. Beim ersten ist dies bereits geschehen.

**So ist es richtig!**

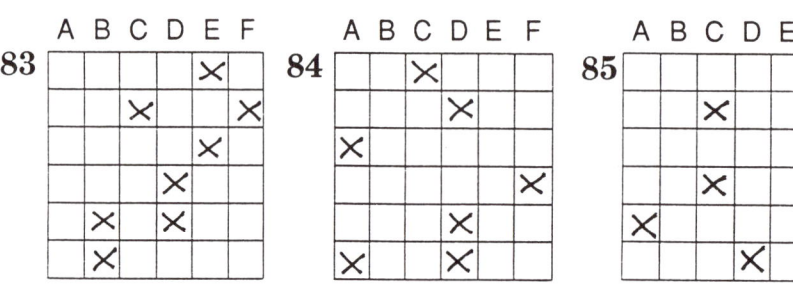

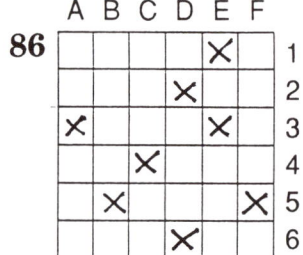

44

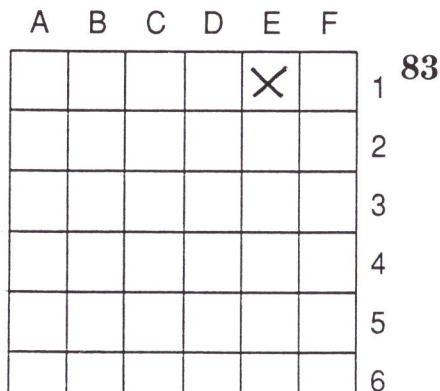

83

|   | A | B | C | D | E | F |
|---|---|---|---|---|---|---|
| 1 |   |   |   |   | X |   |
| 2 |   |   |   |   |   |   |
| 3 |   |   |   |   |   |   |
| 4 |   |   |   |   |   |   |
| 5 |   |   |   |   |   |   |
| 6 |   |   |   |   |   |   |

# Was tanzt aus der Reihe?

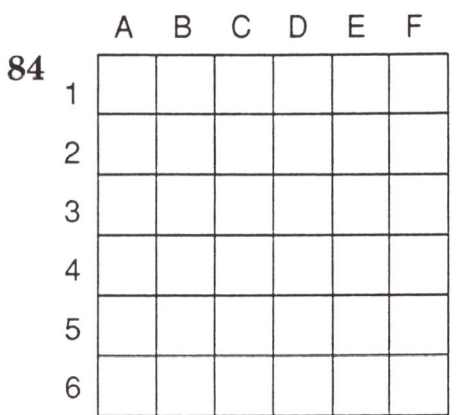

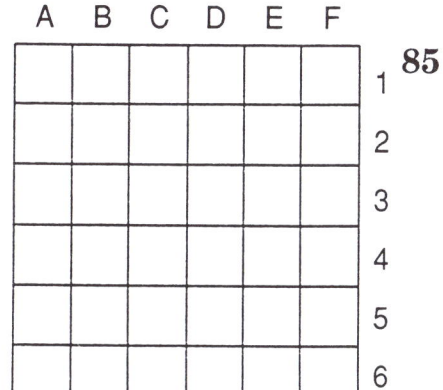

85

|   | A | B | C | D | E | F |
|---|---|---|---|---|---|---|
| 1 |   |   |   |   |   |   |
| 2 |   |   |   |   |   |   |
| 3 |   |   |   |   |   |   |
| 4 |   |   |   |   |   |   |
| 5 |   |   |   |   |   |   |
| 6 |   |   |   |   |   |   |

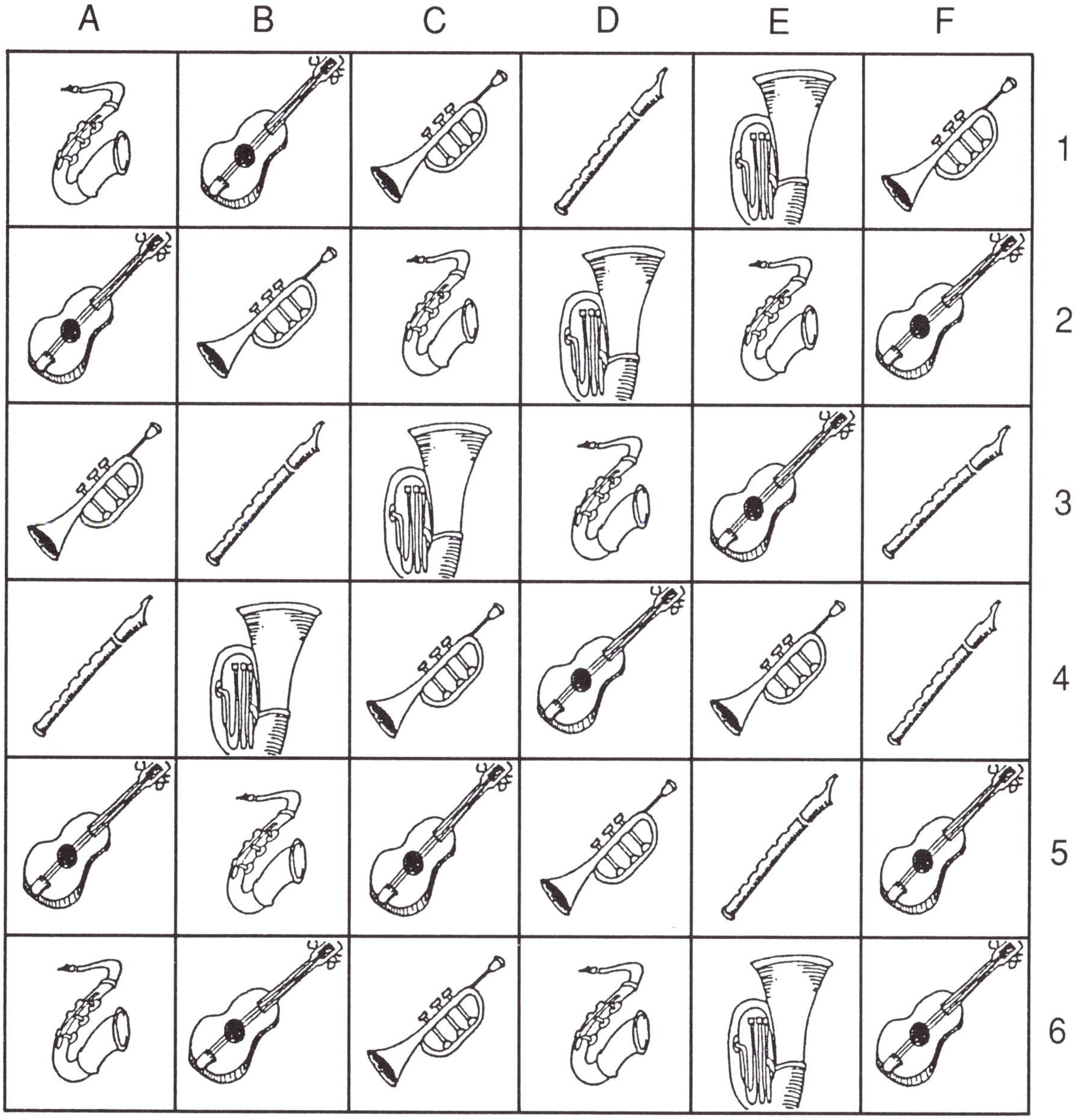

# Was tanzt aus der Reihe?

| 86 | A | B | C | D | E | F |
|---|---|---|---|---|---|---|
| 1 | | | | | | |
| 2 | | | | | | |
| 3 | | | | | | |
| 4 | | | | | | |
| 5 | | | | | | |
| 6 | | | | | | |

**86**

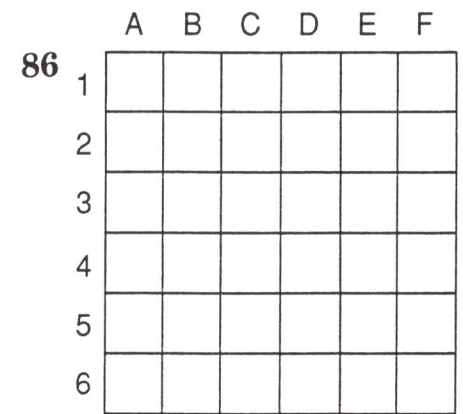

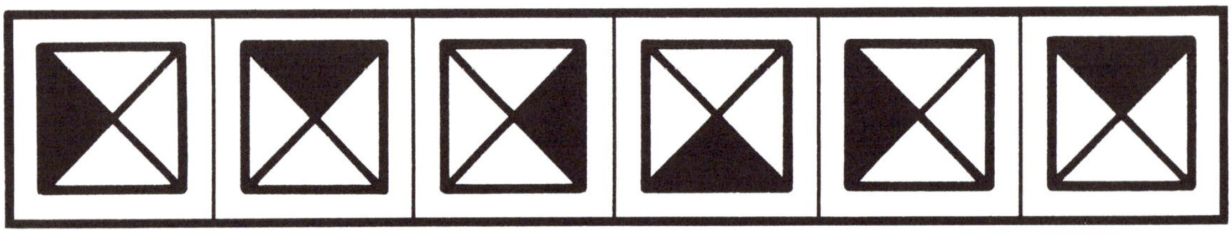

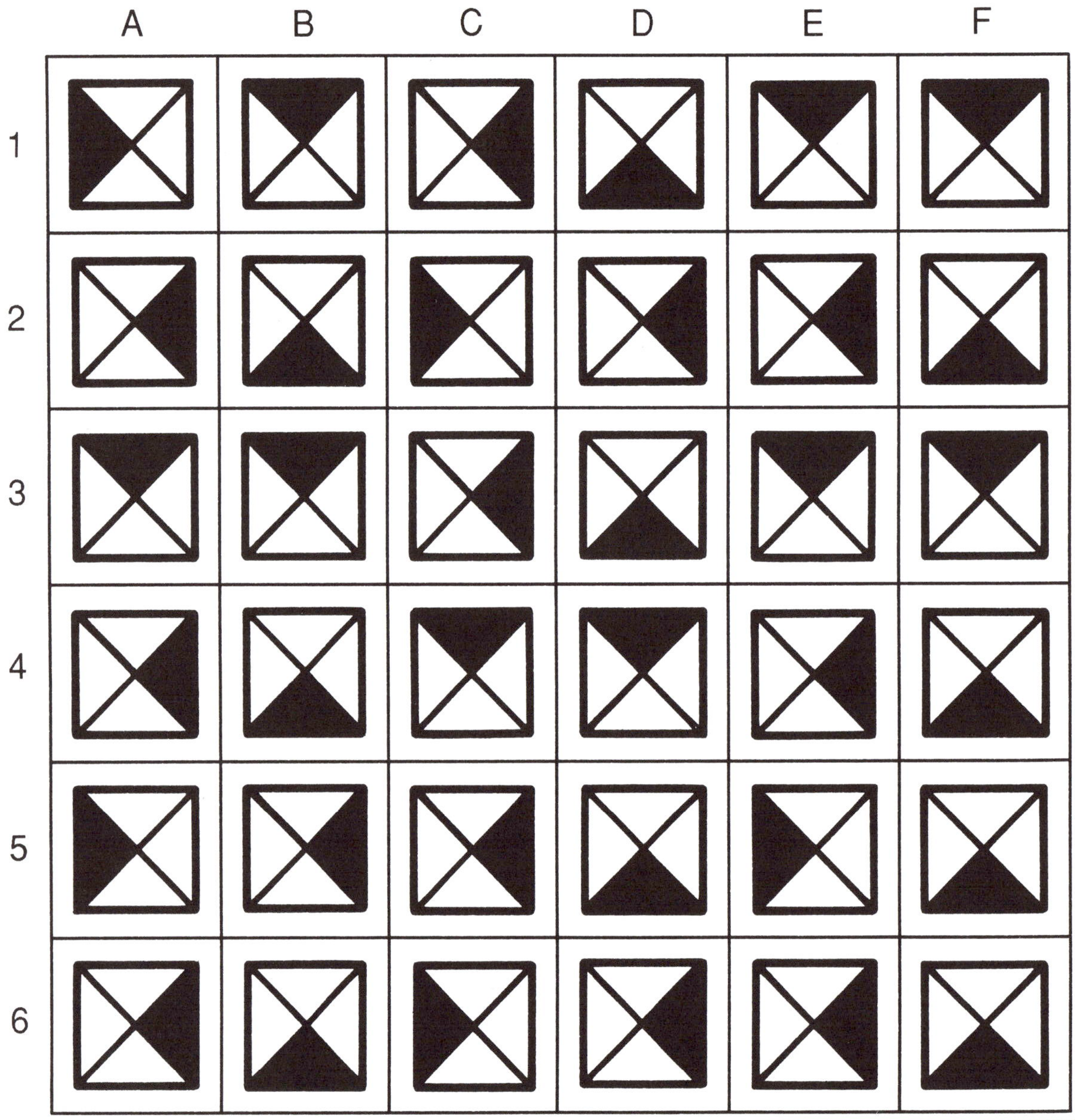

# C Was hindert uns besonders daran, konzentriert zu sein?

Wir haben schon gelesen (Seite 23): Je stärker man an einer Sache interessiert ist, desto leichter ist es, sich darauf zu konzentrieren. Oder umgekehrt: Ist einem eine Sache gleichgültig, ist es schwierig, die Gedanken darauf zu konzentrieren.

Aber es gibt noch weitere Dinge, die es schwer machen, konzentriert zu sein.

So ist es zum Beispiel schädlich für die Konzentration, wenn man gleichzeitig an verschiedenen Dingen interessiert ist. Konzentriert kann man jeweils nur eine Sache machen. Es gehört oft viel Kraft dazu, sich nicht durch andere Dinge ablenken zu lassen.

Störungen, wie Anrufe, laute Musik, Gespräche anderer usw. stehen ebenfalls der Konzentration im Wege.

Auch die Unordnung ist schädlich für die Konzentration. Auf dem Arbeitsplatz sollten zum Beispiel nur diejenigen Unterlagen liegen, die für die betreffende Arbeit benötigt werden. Auch sollten Gegenstände, die häufig gebraucht werden, auf ihrem Platz liegen, damit mühevolles Suchen vermieden wird.

Gelegentlich ist es auch so, daß man sich gerne weiter konzentrieren möchte, dies aber nicht mehr gelingt. Man »schaltet ab«, ohne daß man es will. Die Konzentrationskraft hat ihre Grenzen. Bei schwierigen Dingen ist diese Grenze manchmal schon nach einer Viertelstunde erreicht. In diesen Fällen sollte man »umschalten«, sich entspannen. Dafür genügen oft nur wenige Minuten. Dann ist es wieder leichter, konzentriert zu sein.

# 9 Was gehört
## 87–90 zusammen?

Was ist da zu tun?

Das obere Feld zeigt vier verschiedene Bäume, die mit A,B,C und D gekennzeichnet sind. Jedem Baum ist also ein bestimmter Buchstabe zugeordnet.
Es ist nun bei den folgenden Aufgaben zu prüfen, ob Bild und Buchstabe übereinstimmen. Dort, wo das nicht der Fall ist, sollte das Kästchen neben dem Buchstaben angekreuzt werden.
Im ersten Fall ist das bereits geschehen.

So ist es richtig!

| A | B | C | D |
|---|---|---|---|

**87**

| A ☐ | C ☐ | D ☐ | B ☒ | C ☐ | 1 |

| D ☐ | A ☐ | B ☐ | C ☐ | D ☐ | 2 |

| C ☐ | D ☐ | A ☐ | D ☐ | B ☐ | 3 |

| D ☐ | B ☐ | C ☐ | A ☐ | A ☐ | 4 |

# Was gehört zusammen?

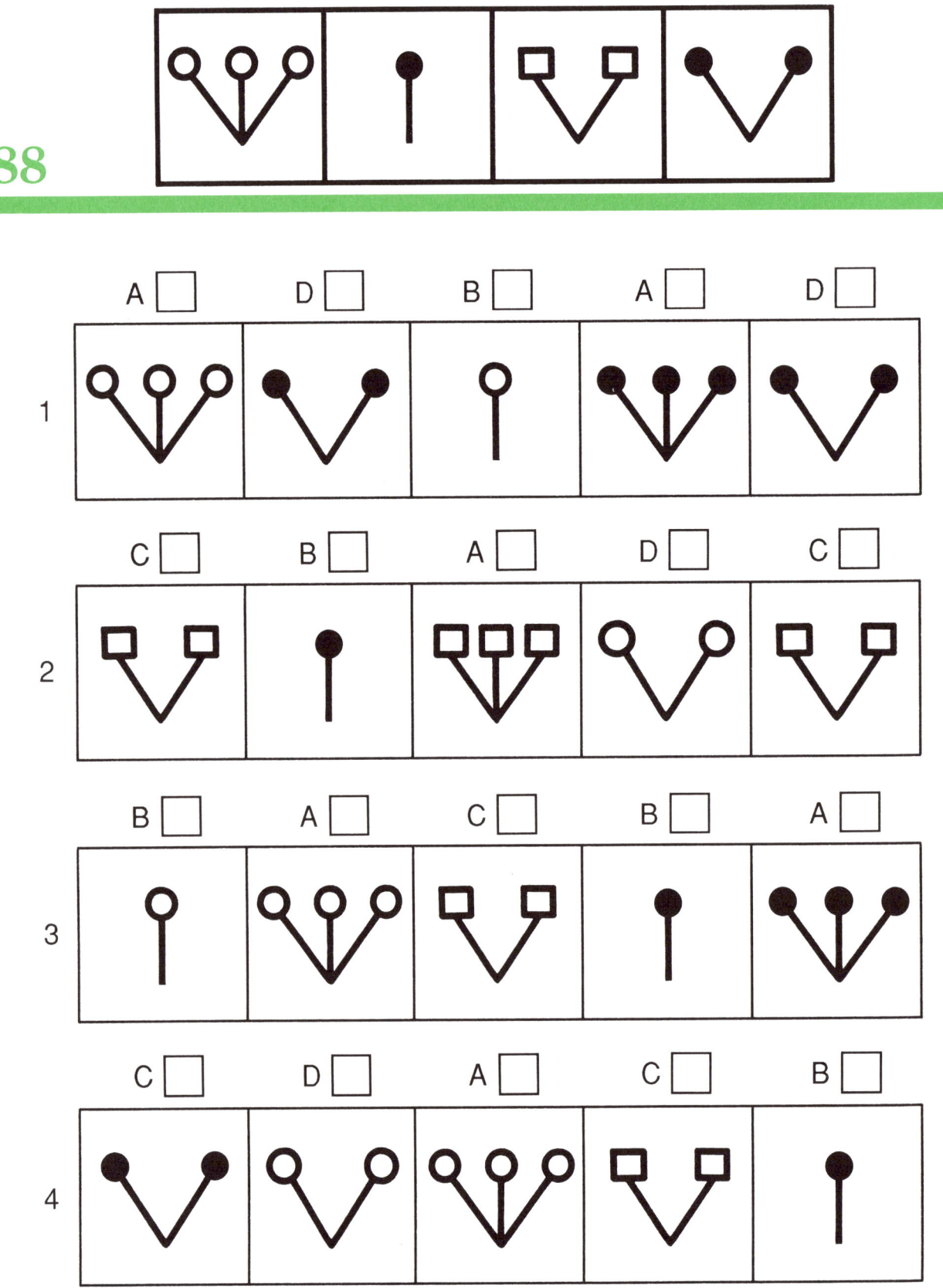

# Was gehört zusammen?

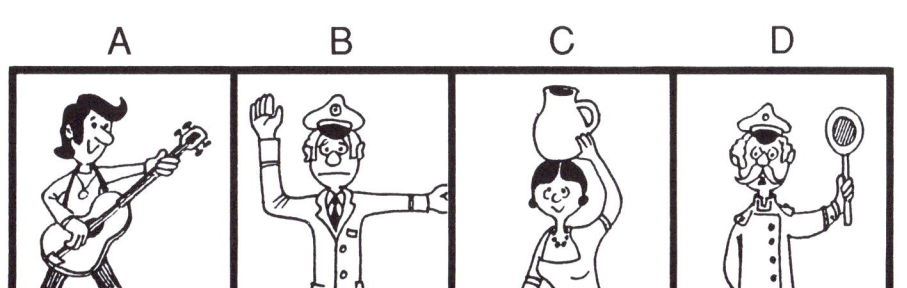

A B C D

89

A ☐ D ☐ C ☐ D ☐ A ☐

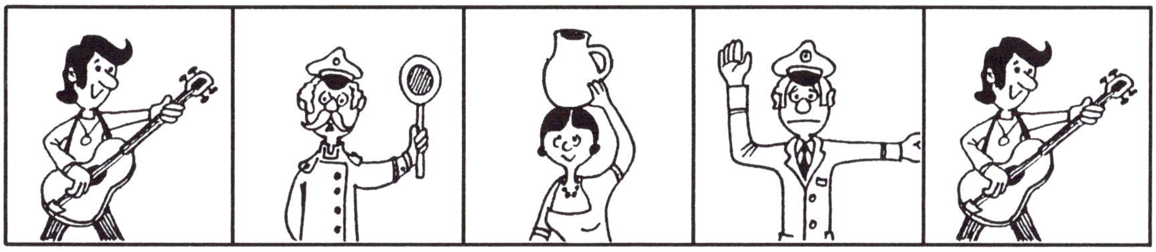 1

B ☐ C ☐ D ☐ A ☐ B ☐

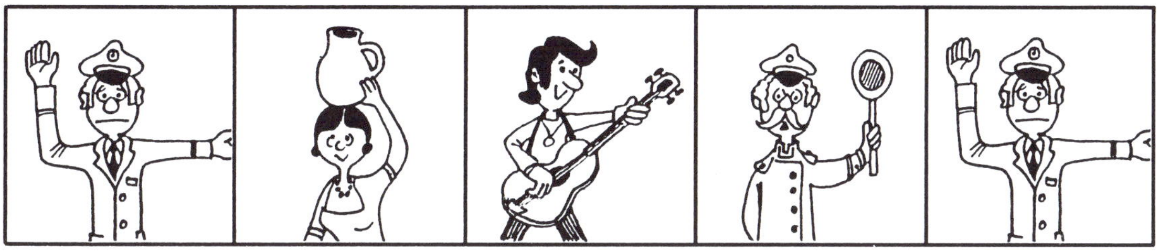 2

C ☐ D ☐ A ☐ B ☐ C ☐

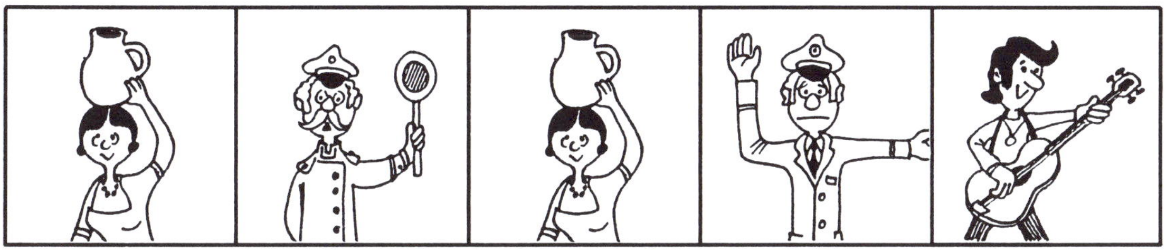 3

D ☐ A ☐ B ☐ C ☐ D ☐

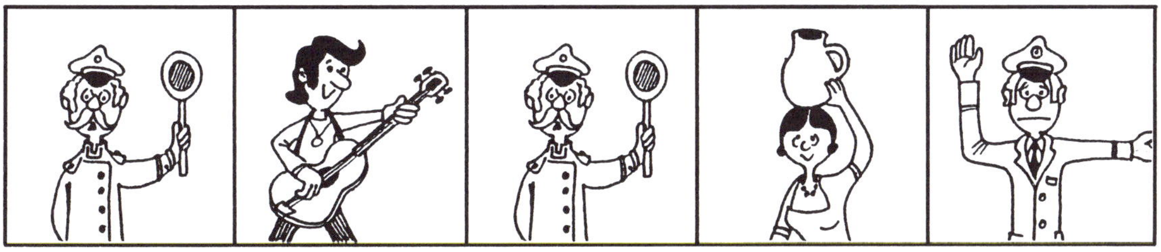 4

# Was gehört zusammen?

**90**

# D Auch so kann man die Konzentrationsfähigkeit verbessern.

1. Erledige auch kleine Aufgaben konzentriert (bewußt). Denke dabei: Jetzt habe ich das Licht, den Herd ausgeschaltet, jetzt packe ich meine Schulsachen in die Tasche, jetzt schließe ich die Wohnung ab. Wenn man dies alles gedankenlos (unkonzentriert) macht, dann taucht oft die bange Frage auf: Habe ich eigentlich den Herd ausgeschaltet?

2. Stelle dir das, was du heute tun mußt, möglichst genau vor. Gehe es gedanklich durch und sage dir, das werde ich alles gut machen. Mentales Training nennt man das. Sportler machen das auch.

3. Mach es dir abends richtig bequem und gehe dabei gedanklich den Ablauf des Tages durch. Halte dabei auch die richtige Reihenfolge ein.

4. Betrachte für einige Minuten ein Bild. Laß dich durch nichts ablenken. Verfolge voll konzentriert eine Kindersendung im Rundfunk oder Fernsehen.

5. Setze oder lege dich bequem hin und denke nichts anderes als: Ich bin ganz locker, ich bin ganz locker. Dafür genügen ein, zwei oder höchstens drei Minuten. Strecke dann den ganzen Körper tüchtig durch. Nun kannst du entspannt weitermachen.

# 10 91-93

## Suchen und finden.

### Was gibt es da zu tun?

Die folgenden Aufgaben enthalten Quadrate. In diesen sind die Zahlen, beginnend mit 1, fortlaufend enthalten. Allerdings fehlen jeweils eine oder mehrere. Es gilt nun herauszufinden, welches die letzte Zahl ist und welche Zahlen fehlen.
Auch bei diesen Aufgaben sollte man möglichst schnell arbeiten.

### So ist es richtig!

91 Die letzte Zahl lautet: __34__
   Es fehlt die Zahl (fehlen die Zahlen): __16__ ____ ____

92 Die letzte Zahl lautet: __34__
   Es fehlt die Zahl (fehlen die Zahlen): __5__ __26__ ____

93 Die letzte Zahl lautet: __43__
   Es fehlt die Zahl (fehlen die Zahlen): __25__ __42__ ____

Die letzte Zahl lautet: ____
Es fehlt die Zahl (fehlen die Zahlen): ___ ___ ___ ___

**91**

| | 3 | | | | 18 | | 11 |
|---|---|---|---|---|---|---|---|
| | | 8 | | 15 | 2 | | |
| 17 | 23 | | 4 | 10 | | 7 | |
| | 34 | | | | | 22 | |
| 26 | | 25 | | 1 | | 29 | |
| | 20 | 14 | | | | | |
| 5 | 28 | 9 | 19 | | 6 | | |
| | 24 | | 32 | | | | |
| 12 | 31 | 33 | 27 | 30 | | | |
| | | 21 | | 13 | | | |

# Suchen und finden.

Die letzte Zahl lautet: ____
Es fehlt die Zahl (fehlen die Zahlen): ____ ____ ____

92

| | | | | | | |
|---|---|---|---|---|---|---|
| 10 | 16 | 3 | 9 | | 2 | 24 |
| | | | | | | 15 |
| 11 | | 18 | 17 | 30 | | 23 |
| 12 | | 8 | 19 7 | 1 | | 14 |
| 22 21 | | 31 4 | 13 | 20 | 6 | 25 |
| 27 | 29 | | 33 | 34 32 | | 28 |

Die letzte Zahl lautet: ____
Es fehlt die Zahl (fehlen die Zahlen): ____ ____ ____

**93**

| 3 | | 20 | 15 | | | 6 | 12 | |
|---|---|----|----|---|---|---|----|---|
| | 11 | | | 2 | | | | |
| 10 | | 36 | 9 | 23 | | 24 | 35 | |
| | | | 43 | | 30 | | | 5 |
| 18 | | 19 | 27 | | 41 | | | |
| | 33 | | 1 | 37 | | | 26 | |
| 29 | | 38 | 32 | | 14 | | 31 | |
| | | | 8 | | | | 34 | |
| 4 | | 22 | 28 | 13 | | 21 | 7 | |
| 17 | | 39 | | | 40 | | | 16 |

# 11 94-96 Lesen, verstehen, merken.

## Was ist da zu tun?

Bei den folgenden Aufgaben kann geprüft werden, wie konzentriert man lesen kann. Bitte jeden Satz nur *einmal* lesen.

Bei der Aufgabe 94 soll festgestellt werden, welches Verhalten durch den betreffenden Satz ausgedrückt wird. Bitte den betreffenden Buchstaben ankreuzen.

Bei der Aufgabe 95 geht es darum, nach dem Lesen sofort zu entscheiden, ob der Satz Angst oder Freude zum Ausdruck bringt. Bitte im entsprechenden Feld ankreuzen.

Nun zu der Aufgabe 96. Hier ist jeweils ein Teil des Satzes unterstrichen. Dann wird mit wo, wer, wann nach der unterstrichenen Aussage gefragt. Bitte im entsprechenden Feld ankreuzen.

## So ist es richtig!

**94** 1.b), 2.c), 3.c), 4.b), 5.a)

**95** 1=F, 2=A, 3=F, 4=A, 5=F, 6=A, 7=F, 8=A, 9=F, 10=F, 11=A, 12=A, 13=A, 14=F, 15=F, 16=F, 17=A, 18=A, 19=A, 20=F

**96** 1=wo, 2=wann, 3=wer, 4=wann, 5=wer, 6=wann, 7=wo, 8=wer, 9=wann, 10=wo, 11=wer, 12=wann

# Lesen, verstehen, merken.

1. Peter ist immer der erste, der den schwächeren Schülern hilft.

   Wie ist sein Verhalten?

   a) entschlossen          b) hilfsbereit          c) übereilt

2. Er lebte nach dem Grundsatz: Lieber langsam, aber sicher, als schnell und gefährlich.

   Wie ist sein Verhalten?

   a) schreckhaft          b) glaubwürdig          c) vernünftig

3. Sie hörte ruhig zu, überlegte gründlich und sagte dann zu.

   Wie ist ihr Verhalten?

   a) zaghaft          b) ruhig          c) vernünftig

4. Er sagt immer gleich ja, ohne lange zu überlegen.

   Wie ist sein Verhalten?

   a) entschlossen          b) voreilig          c) mutig

5. Mitten in der Nacht stieg sie zu einem Unbekannten ins Auto.

   Wie ist ihr Verhalten?

   a) leichtsinnig          b) voreilig          c) verläßlich

# Lesen, verstehen, merken.

|  | Angst | Freude |
|---|---|---|
| 1. Ich hatte wirklich viel Glück. |  |  |
| 2. Er schloß die Haustüre sorgfältig ab. |  |  |
| 3. Alle haben ihn beglückwünscht. |  |  |
| 4. Er flüchtete, so schnell er nur konnte. |  |  |
| 5. Darüber lachte er sehr. |  |  |
| 6. Er zitterte am ganzen Leib. |  |  |
| 7. Endlich hatte er es geschafft. |  |  |
| 8. Er war starr vor Schreck. |  |  |
| 9. Sie lief die beste Zeit. |  |  |
| 10. Ich bin froh, daß du gekommen bist. |  |  |
| 11. Ihr zitterten die Knie. |  |  |
| 12. Bei Nacht ging er nie durch den Wald. |  |  |
| 13. Sie rannte in großer Eile zur Polizei. |  |  |
| 14. Schön, daß du endlich gekommen bist. |  |  |
| 15. Es ist schön, daß ich mich gut konzentrieren kann. |  |  |
| 16. Endlich beginnen die Ferien. |  |  |
| 17. Warum haben Sie das verschwiegen? |  |  |
| 18. Das lange Warten quälte ihn sehr. |  |  |
| 19. Plötzlich war die Straße spiegelglatt. |  |  |
| 20. Dann kam der Brief mit der Zusage. |  |  |

# Lesen, verstehen, merken.

|  | wo | wer | wann |
|---|---|---|---|
| 1. Er verbrachte seine Ferien <u>an der Nordsee</u>. |  |  |  |
| 2. Die nächste Klassenarbeit ist <u>am Freitag</u>. |  |  |  |
| 3. Die Preise wurden <u>von seinem Klassenlehrer</u> verteilt. |  |  |  |
| 4. Er beobachtete den Verkehrsunfall <u>gegen 18 Uhr</u>. |  |  |  |
| 5. <u>Alle Mitschüler</u> waren bei dem Fußballspiel gegen die Nachbarschule anwesend |  |  |  |
| 6. Die Zugvögel verlassen Deutschland <u>Ende August</u>. |  |  |  |
| 7. Ein Polizist stand <u>auf der Straßenkreuzung</u> und regelte den Verkehr. |  |  |  |
| 8. Das Spiel gewann <u>Judith</u>. |  |  |  |
| 9. Sie trafen sich alle <u>nach der Arbeit</u> wieder. |  |  |  |
| 10. Der Unfall ereignete sich <u>in der Stadtmitte</u>. |  |  |  |
| 11. Bei dem Preisausschreiben kann <u>jeder</u> mitmachen. |  |  |  |
| 12. <u>Jedes Wochenende</u> macht er mit seinen Eltern eine lange Wanderung. |  |  |  |

# 12 97-99 Wie ist die richtige Reihenfolge?

## Was gibt es da zu tun?

Die folgenden drei Aufgaben enthalten Abbildungen,
die von 1–7 durchnumeriert sind. Allerdings sind
diese etwas aus der Reihe gekommen.
Es gilt nun, die richtige Reihenfolge aufzustellen.
Dabei sind die Nummern der Abbildungen entspre-
chend in den Ergebnisfeldern einzutragen.
Bei der ersten Abbildung ist das bereits geschehen.

## So ist es richtig!

**97** | 1 | 2 | 5 | 4 | 7 | 6 | 3 |

**98** | 1 | 2 | 3 | 5 | 4 | 7 | 6 |

**99** | 1 | 2 | 5 | 7 | 3 | 4 | 6 |

| | | | | | | | |
|---|---|---|---|---|---|---|---|
| 1 | | | | | | | 97 |

# Wie ist die richtige Reihenfolge?

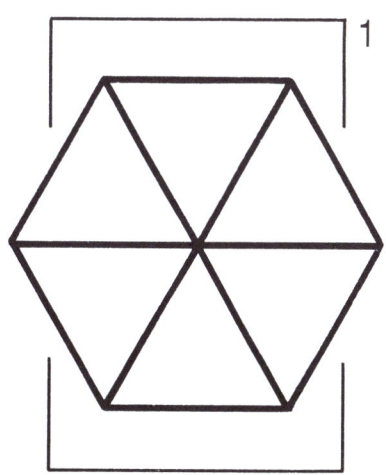

1

97

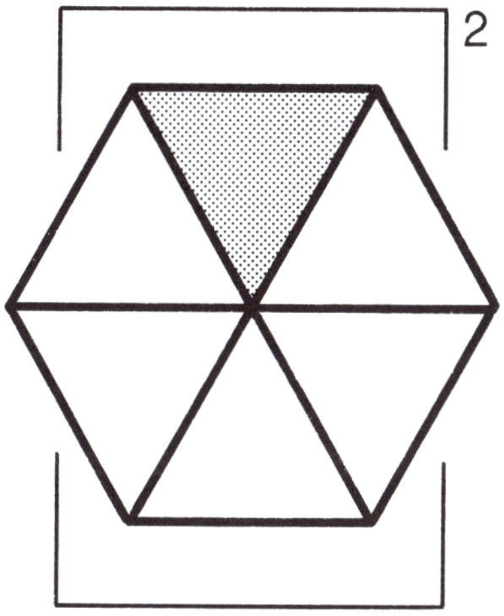

2

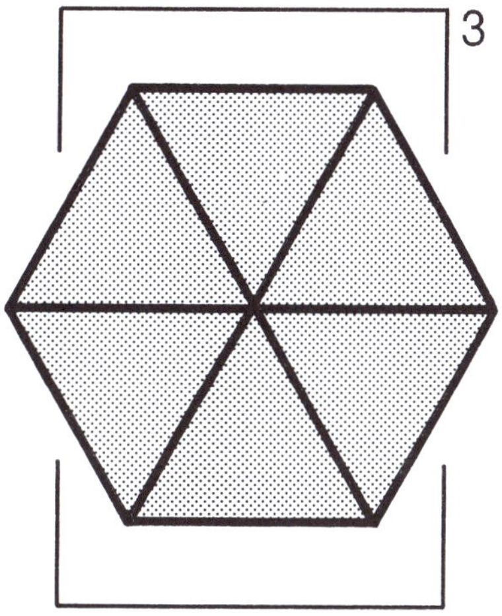

3

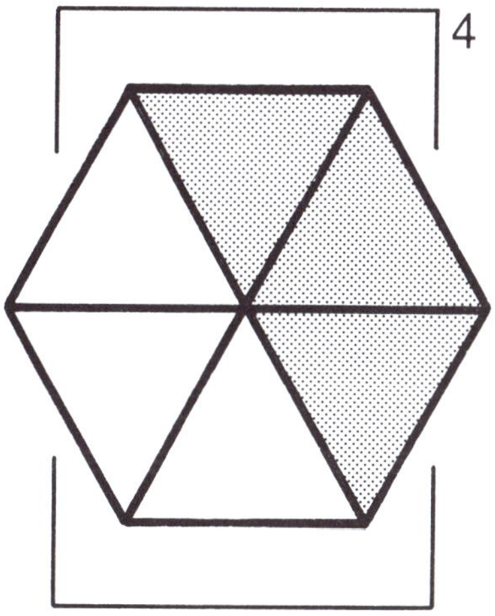

4

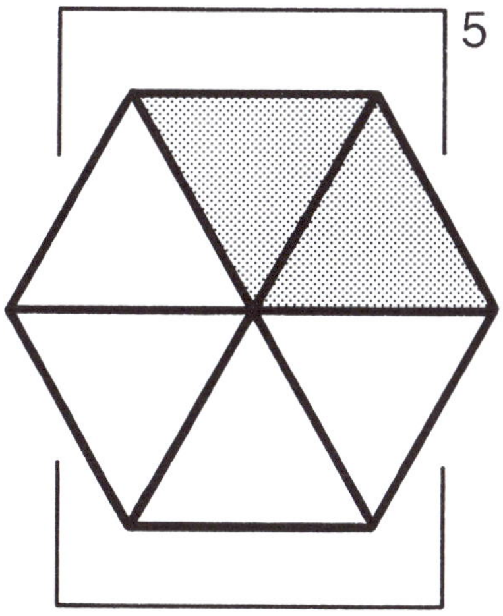

5

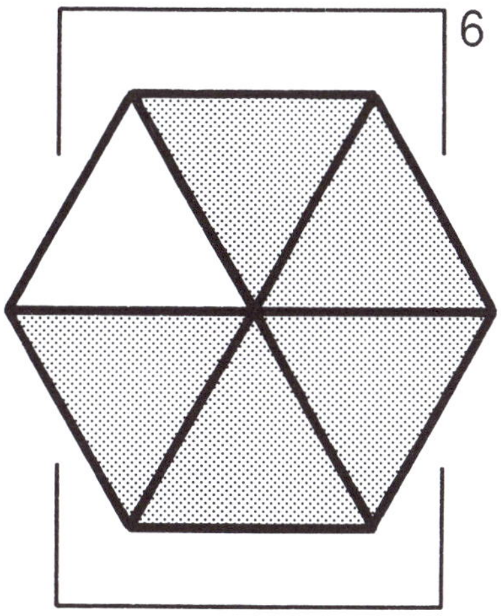

6

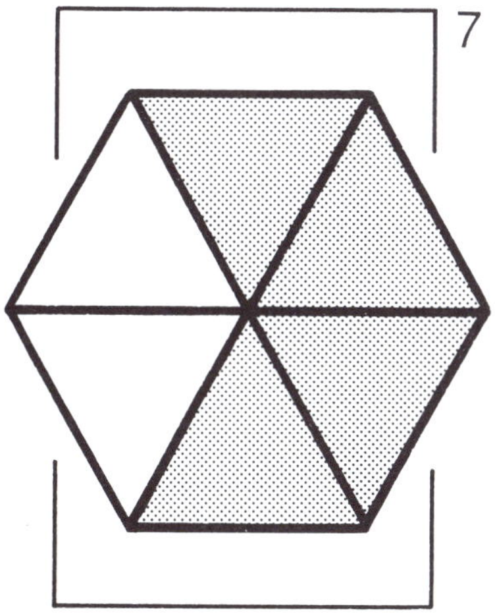

7

# Wie ist die richtige Reihenfolge?

98 | 1 | | | | | |

1

98

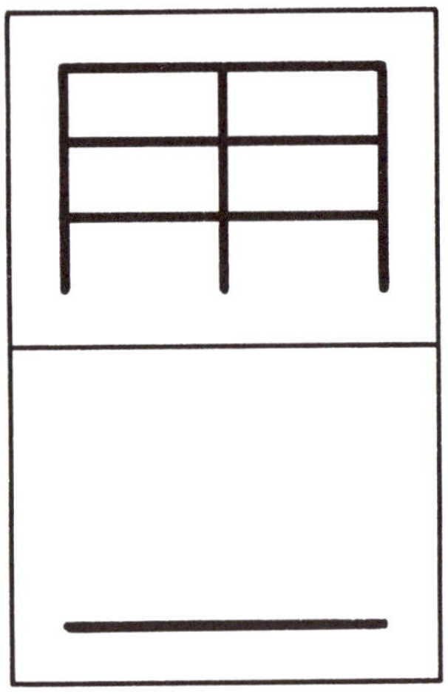
2

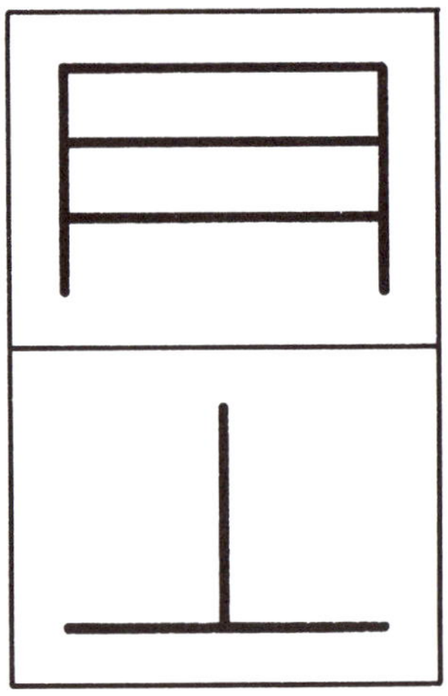
3

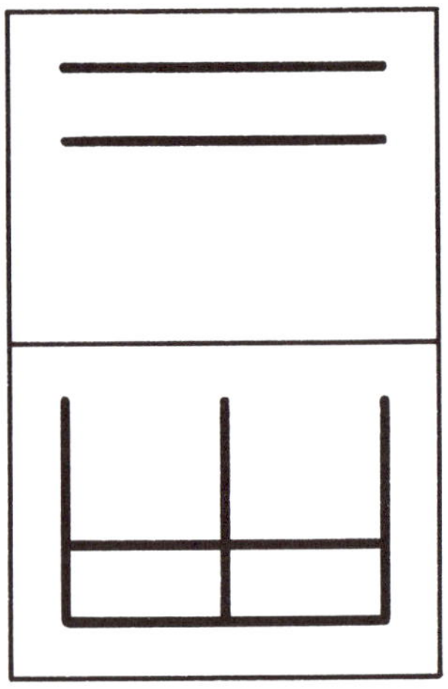
4

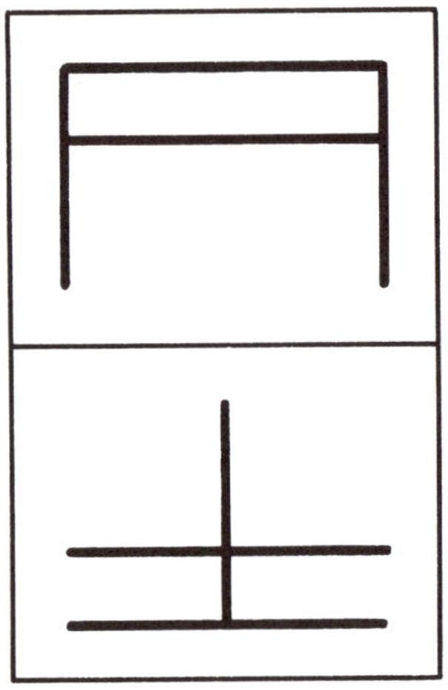
5

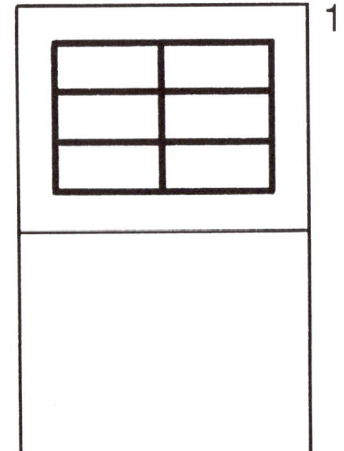

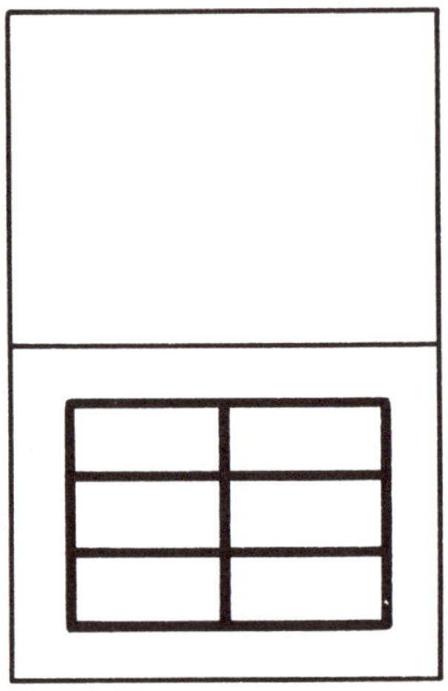
6

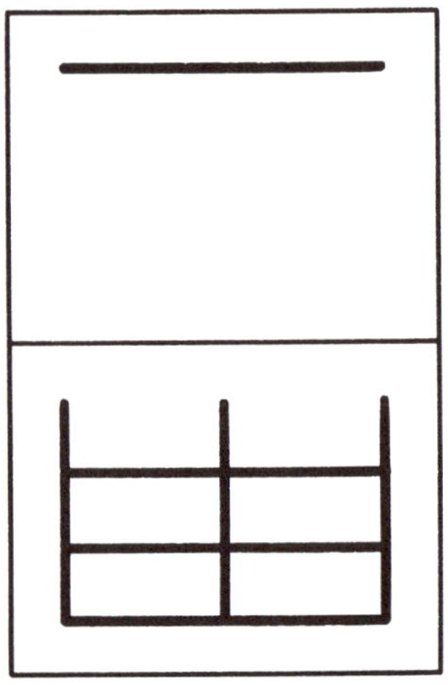
7

| | | | | | | |
|---|---|---|---|---|---|---|
| 1 | | | | | | |

99

# Wie ist die richtige Reihenfolge?

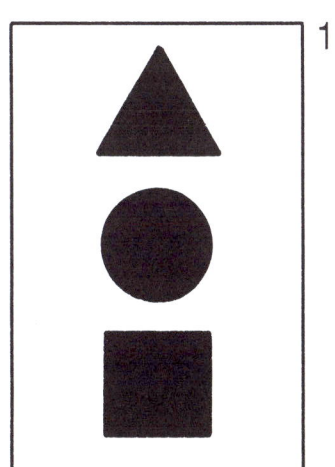

1

## 99

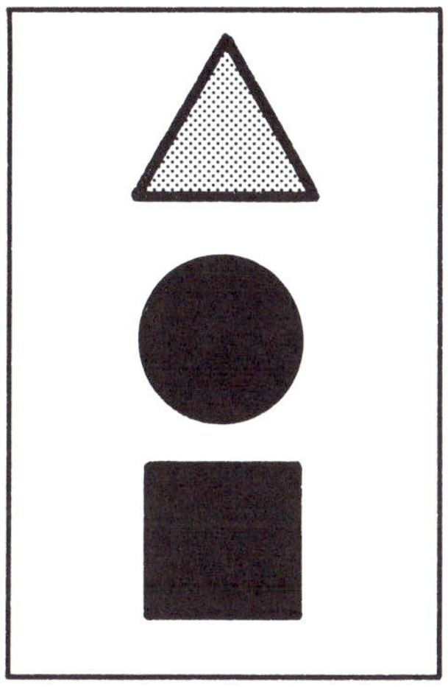
2

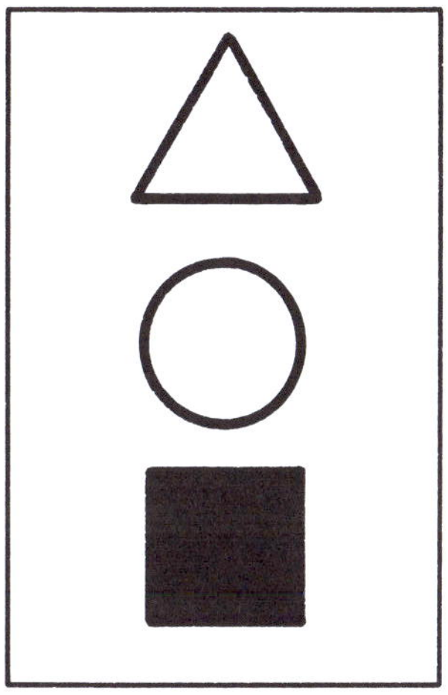
3

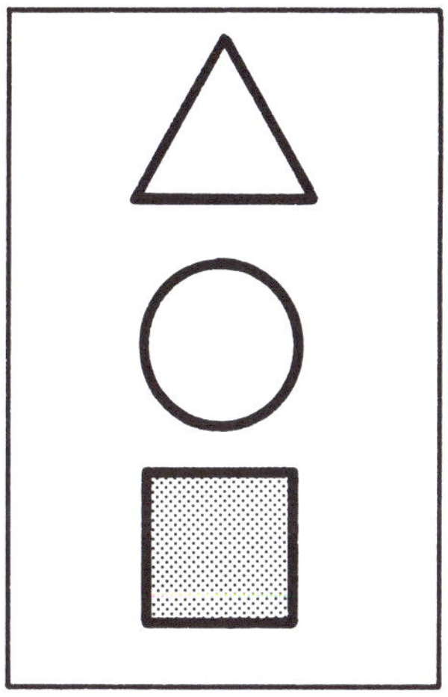
4

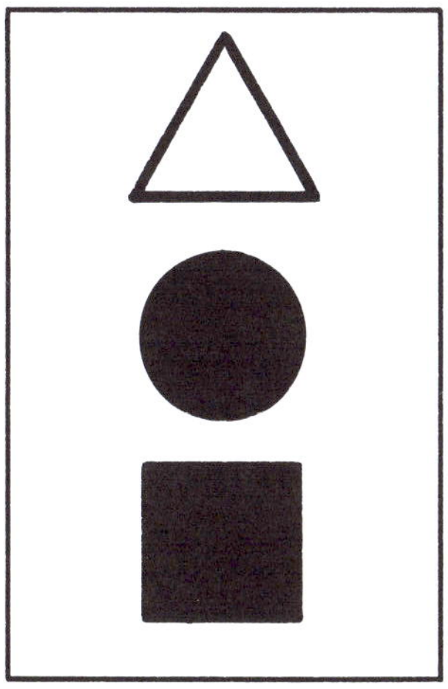
5

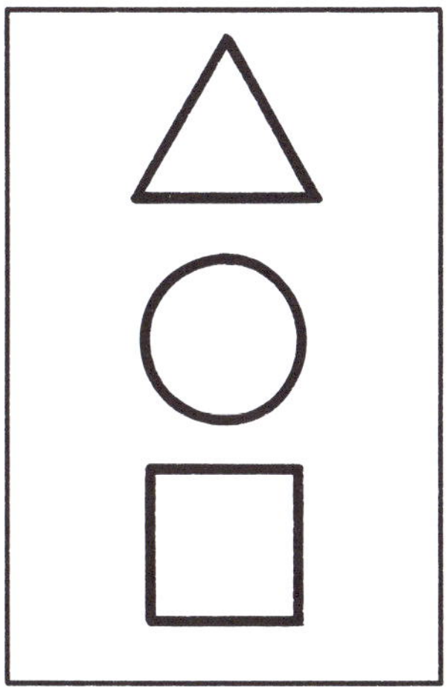
6

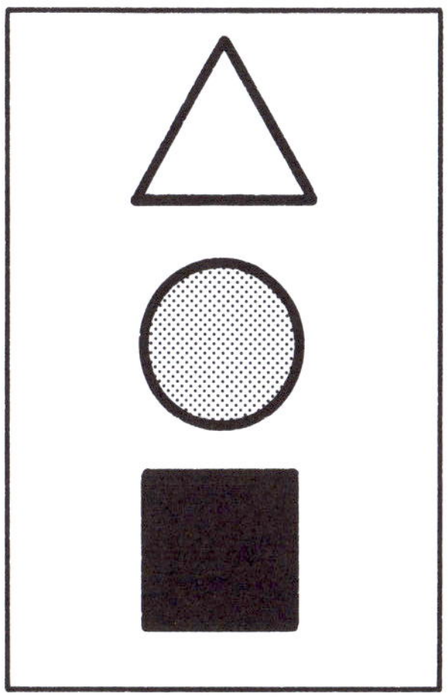
7

# 13 Welche Zeichen
## 100–102 schließen die Lücken?

**Was gibt es da zu tun?**

Die folgenden drei Aufgaben enthalten fünf Reihen mit verschiedenen Zeichen. In den Lücken zwischen diesen Zeichen stehen Kreise.
In diese Kreise sind Buchstaben einzusetzen. Und zwar jene, die bei den oben angegebenen Zeichen, welche genau in die Lücke passen, stehen.

**So ist es richtig!**

**100** Ⓐ Ⓑ Ⓒ Ⓠ  **101** Ⓗ Ⓣ Ⓠ Ⓒ  **102** Ⓘ Ⓛ  Ⓕ Ⓚ  1
　 Ⓜ Ⓕ Ⓞ Ⓙ　　 Ⓐ Ⓑ Ⓜ Ⓝ　　 Ⓐ Ⓡ  Ⓜ Ⓠ  2
　 Ⓚ Ⓔ Ⓖ Ⓘ　　 Ⓓ Ⓛ Ⓣ Ⓑ　　 Ⓘ Ⓢ  Ⓟ Ⓓ  3
　 Ⓝ Ⓡ Ⓟ Ⓜ　　 Ⓚ Ⓙ Ⓕ Ⓘ　　 Ⓙ Ⓞ  Ⓕ Ⓚ  4
　 Ⓗ Ⓚ Ⓣ Ⓢ　　 Ⓡ Ⓔ Ⓞ Ⓟ　　 Ⓣ Ⓒ  Ⓒ Ⓓ  5

# Welche Zeichen
## schließen die Lücken?

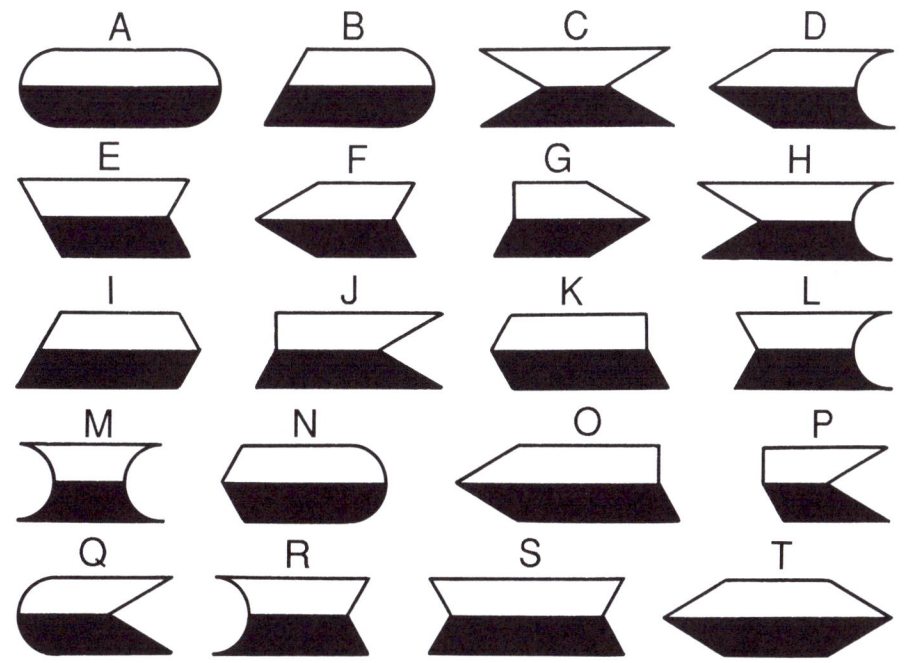

**100**

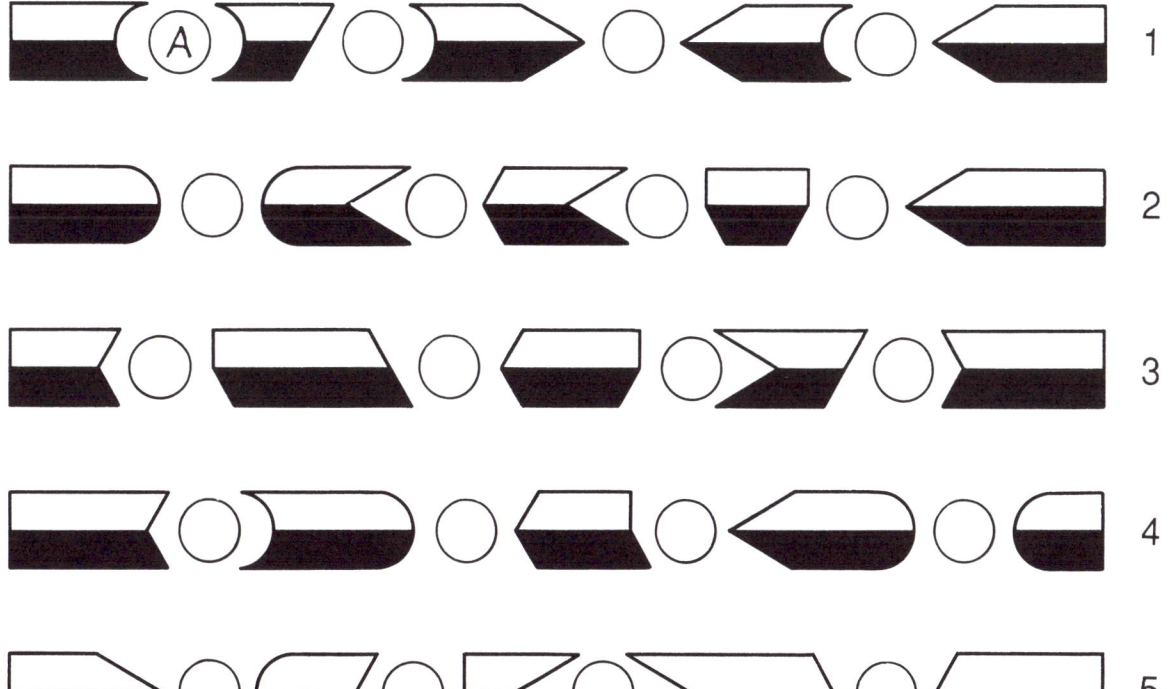

1

2

3

4

5

# Welche Zeichen
## schließen die Lücken?

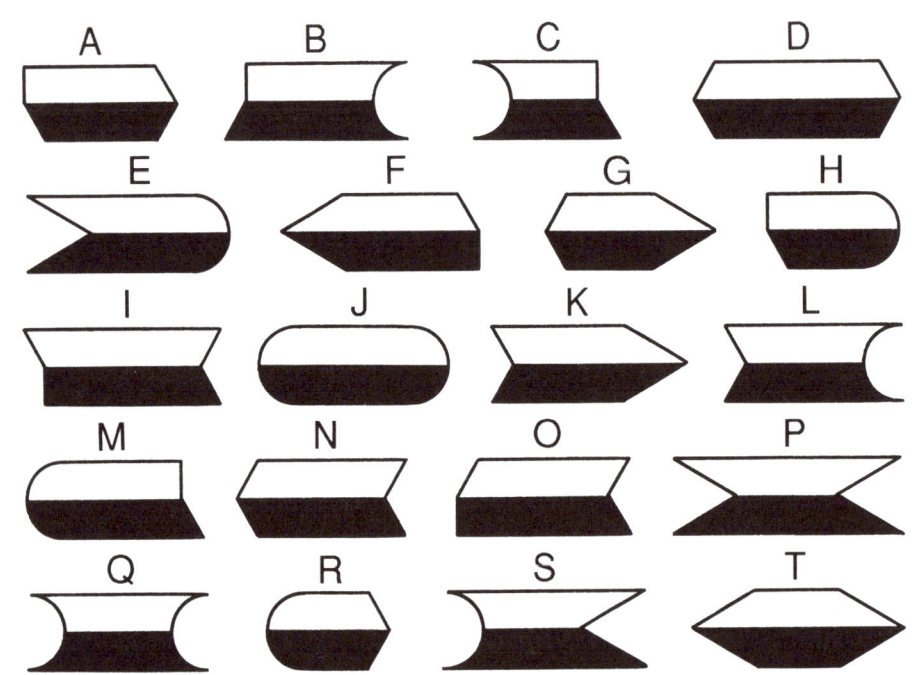

**101**

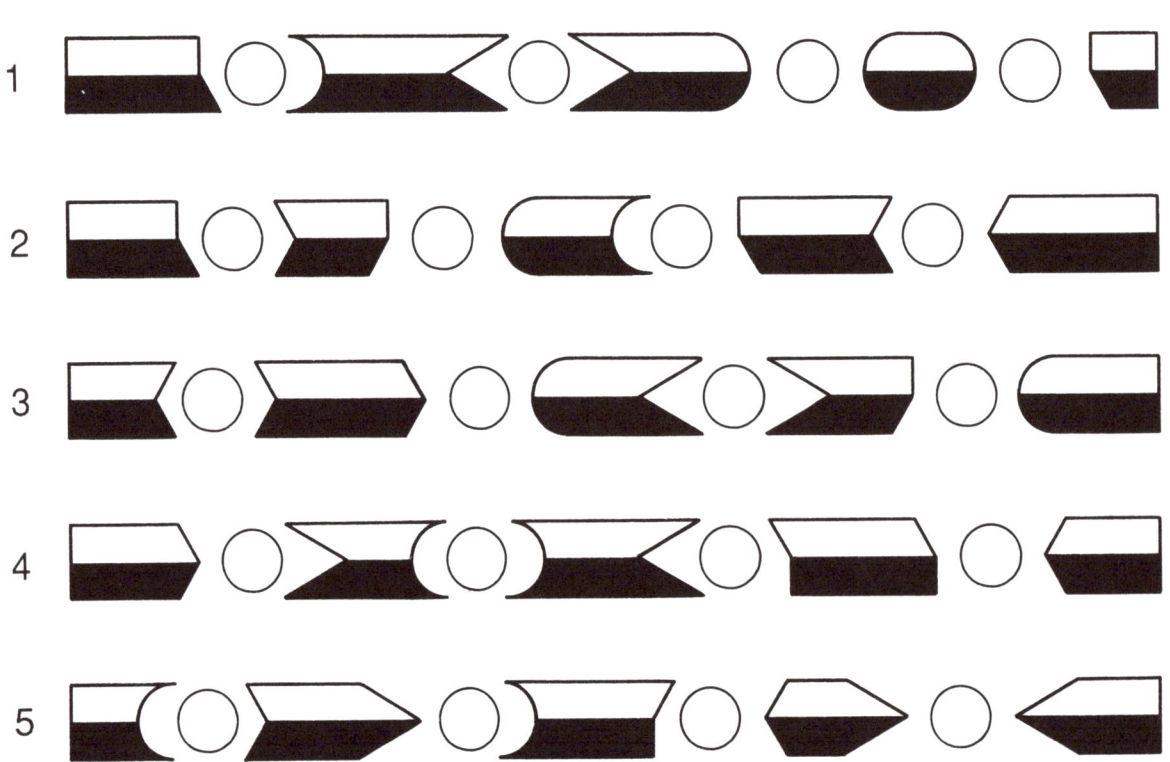

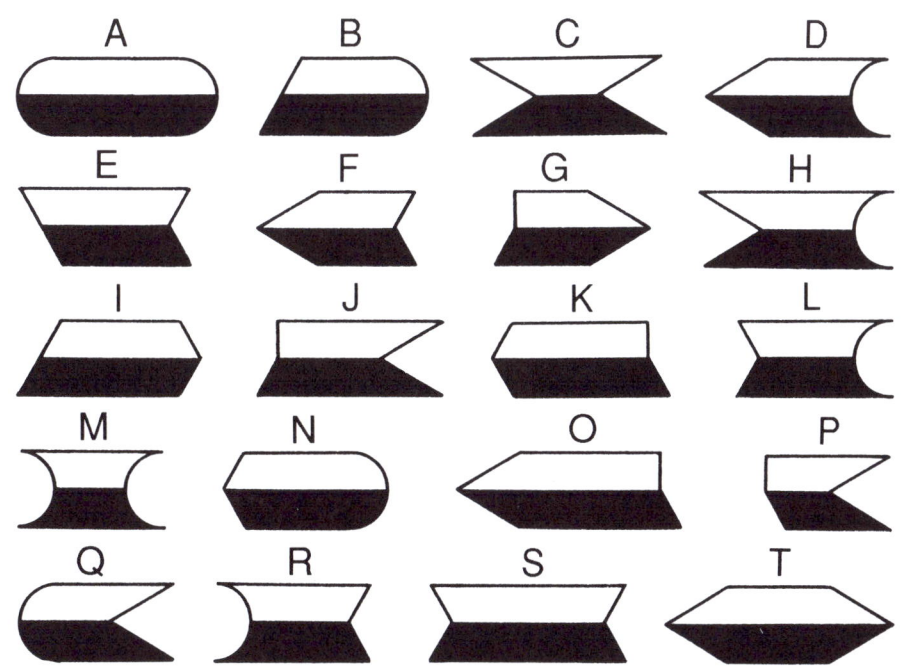

102

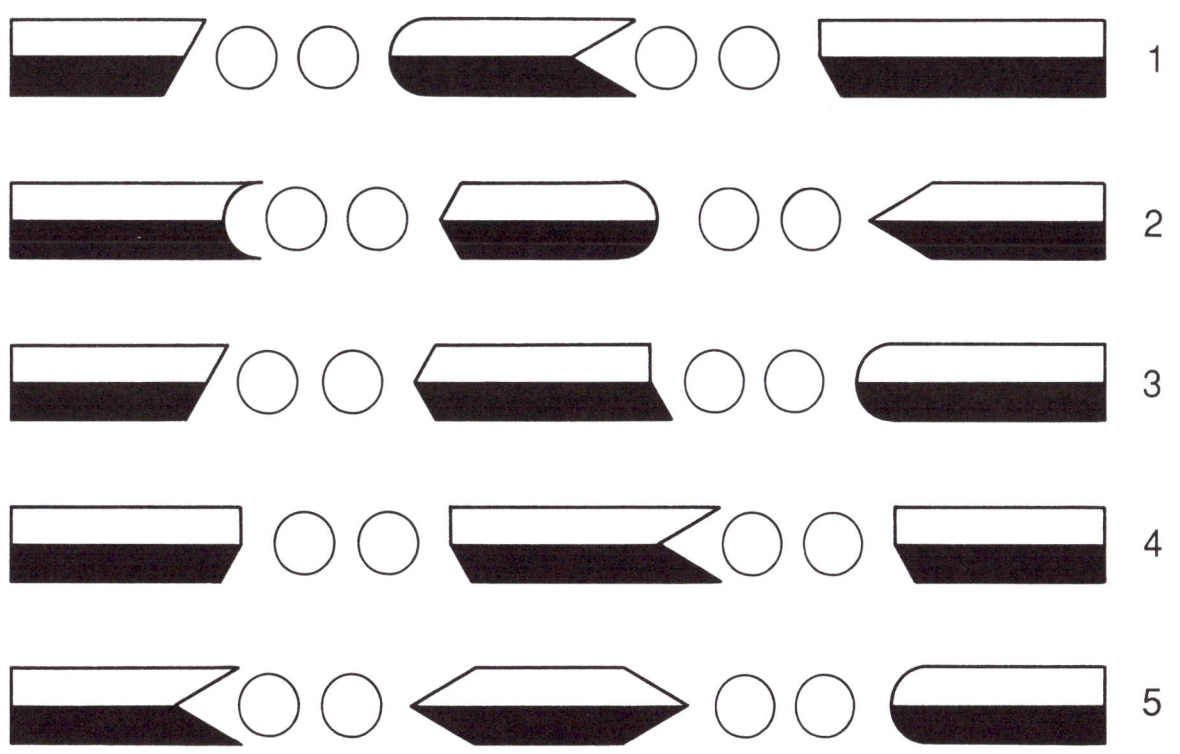

1

2

3

4

5

## Was gibt es da zu tun?

Im dickumrandeten Feld der folgenden drei Aufgaben findet man verschiedene Zeichen. Diese Zeichen wiederholen sich in den unteren 10 Reihen. Allerdings haben sich auch solche darunter gemischt, die nur ähnlich sind. Diese gilt es zu entdecken und im oberen Ergebnisfeld mit einem Kreuz zu markieren. Beim ersten Fehler ist das bereits geschehen.

## So ist es richtig!

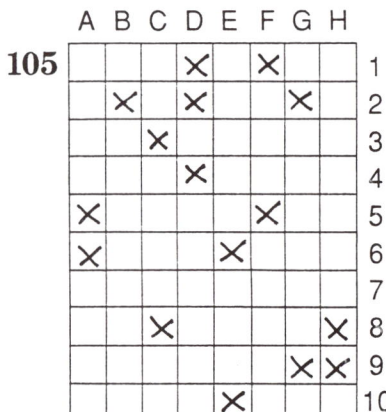

**103**

| | A | B | C | D | E | F | G | H | |
|---|---|---|---|---|---|---|---|---|---|
| | | | | × | | | | × | 1 |
| | × | | | | | × | | | 2 |
| | × | | | × | | | | | 3 |
| | | | × | | | | | × | 4 |
| | | | | | | × | × | | 5 |
| | | | | × | | | | | 6 |
| | | × | | | | | × | | 7 |
| | × | | | | × | | | | 8 |
| | | × | | × | | | | | 9 |
| | | | × | | | × | | | 10 |

**104**

| | A | B | C | D | E | F | G | H | |
|---|---|---|---|---|---|---|---|---|---|
| | | | | | | | × | × | 1 |
| | × | | | | × | | | | 2 |
| | | × | | | × | | | × | 3 |
| | | | × | | × | | × | | 4 |
| | | × | | | × | × | | | 5 |
| | × | × | × | | | × | | | 6 |
| | × | × | × | × | | × | × | | 7 |
| | | | × | × | | | × | × | 8 |
| | × | | | × | × | × | × | × | 9 |
| | | × | × | × | | × | | × | 10 |

**105**

| | A | B | C | D | E | F | G | H | |
|---|---|---|---|---|---|---|---|---|---|
| | | | | × | | × | | | 1 |
| | | × | | × | | | × | | 2 |
| | | | × | | | | | | 3 |
| | | | | × | | | | | 4 |
| | × | | | | | × | | | 5 |
| | × | | | | × | | | | 6 |
| | | | | | | | | | 7 |
| | | × | | | | | | × | 8 |
| | | | | | | | × | × | 9 |
| | | | | × | | | | | 10 |

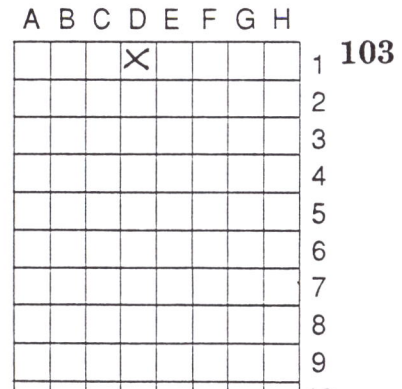

# Was gehört nicht dazu?

103

# Was gehört nicht dazu?

| 104 | A | B | C | D | E | F | G | H |
|---|---|---|---|---|---|---|---|---|
| 1 | | | | | | | | |
| 2 | | | | | | | | |
| 3 | | | | | | | | |
| 4 | | | | | | | | |
| 5 | | | | | | | | |
| 6 | | | | | | | | |
| 7 | | | | | | | | |
| 8 | | | | | | | | |
| 9 | | | | | | | | |
| 10 | | | | | | | | |

## 104

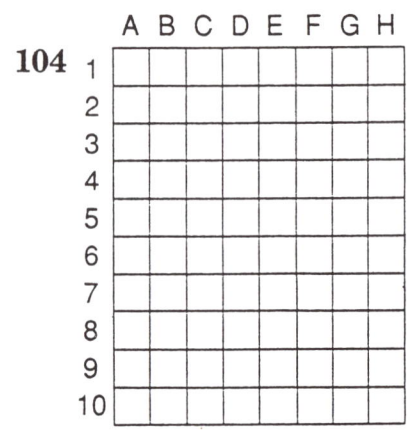

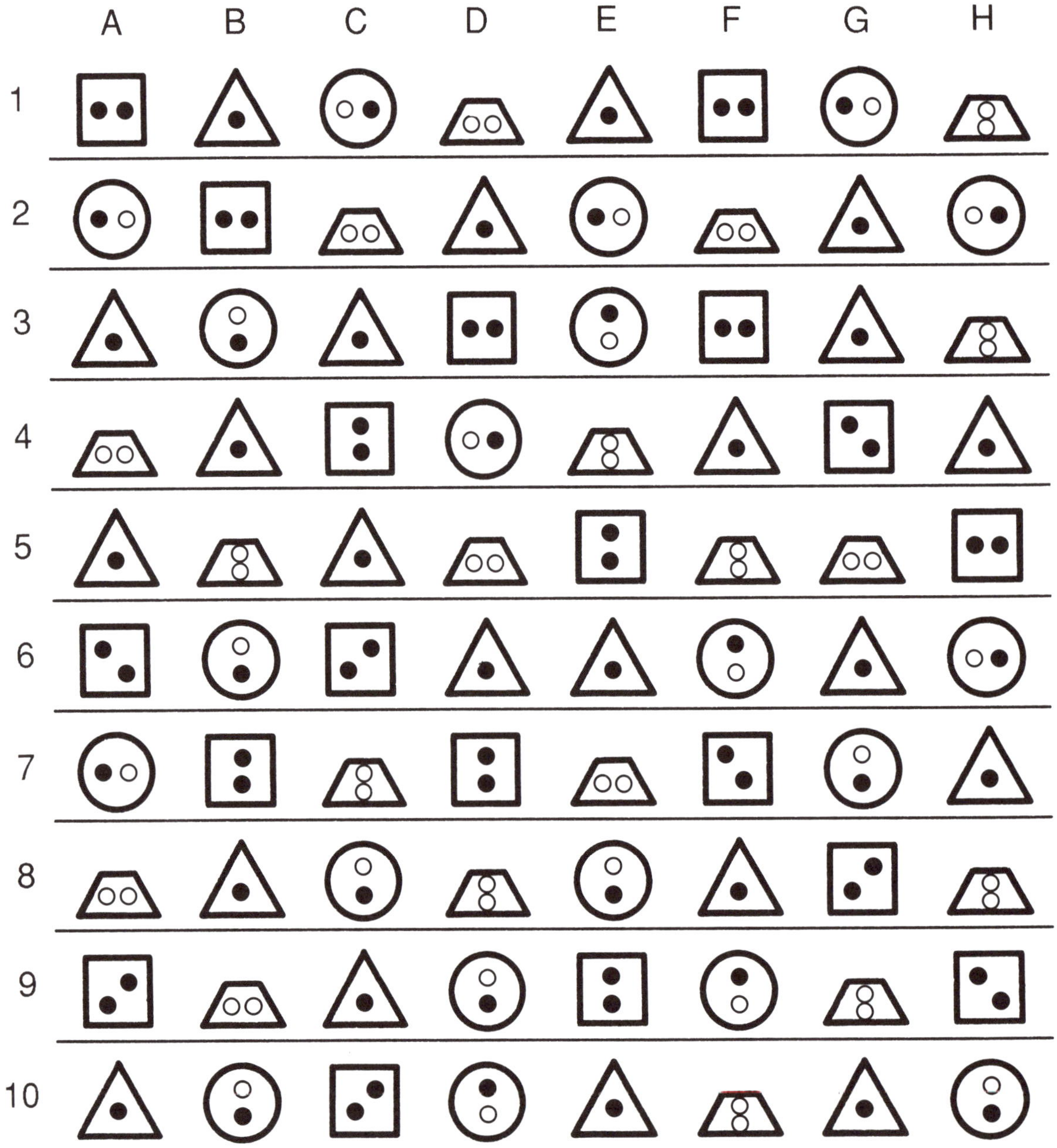

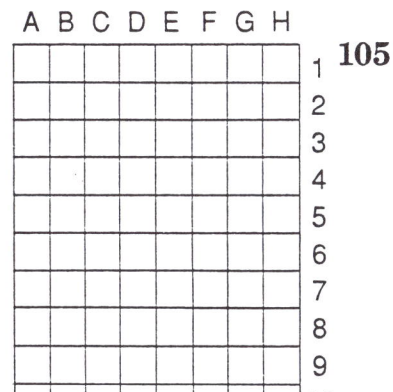

# Was gehört nicht dazu?

|  | A | B | C | D | E | F | G | H |  |
|---|---|---|---|---|---|---|---|---|---|
| 1 | ⊞+ | ○□ | ☒× | ⟁+ | ◇● | △● | ⊞+ | ○□ | 1 |
| 2 | △○ | □+ | ⊞+ | ○○ | ☒× | ◇● | ○■ | △○ | 2 |
| 3 | ◇● | △○ | ⟁+ | ⊞+ | ○□ | ☒× | △○ | ⊞+ | 3 |
| 4 | ☒× | ⊞+ | ◇● | ⟁+ | △○ | ○□ | ☒× | ◇● | 4 |
| 5 | ⊞× | ○□ | △○ | ☒× | ⊞+ | ⟁+ | ◇● | ☒× | 5 |
| 6 | ○■ | ◇● | ☒× | △○ | ◇○ | △○ | ○□ | △○ | 6 |
| 7 | △○ | ☒× | ○□ | ⊞+ | △○ | ◇● | ⊞+ | ○□ | 7 |
| 8 | ◇● | ⊞+ | ▽● | ◇● | ☒× | ○□ | △○ | ◇○ | 8 |
| 9 | ○□ | △○ | ⊞+ | ○□ | ⊞+ | ⬭− | □+ | ☒× | 9 |
| 10 | ☒× | ◇● | ⬭− | △○ | ○■ | ⊞+ | ◇● | ☒× | 10 |

75

# 15

# Wie groß ist die Summme?

## Was gibt es da zu tun?

Die drei folgenden Aufgaben zeigen Kreise, in denen
Zahlen stehen. Diese Kreise sind mit unterschied-
lichen Linien verbunden. Es sind diejenigen Zahlen
zu addieren, die mit der gleichen Linie verbunden
sind.
Da manche Kreise von verschiedenen Linien berührt
werden, sind die betreffenden Zahlen also auch in
verschiedene Rechnungen mit einzubeziehen.

## So ist es richtig!

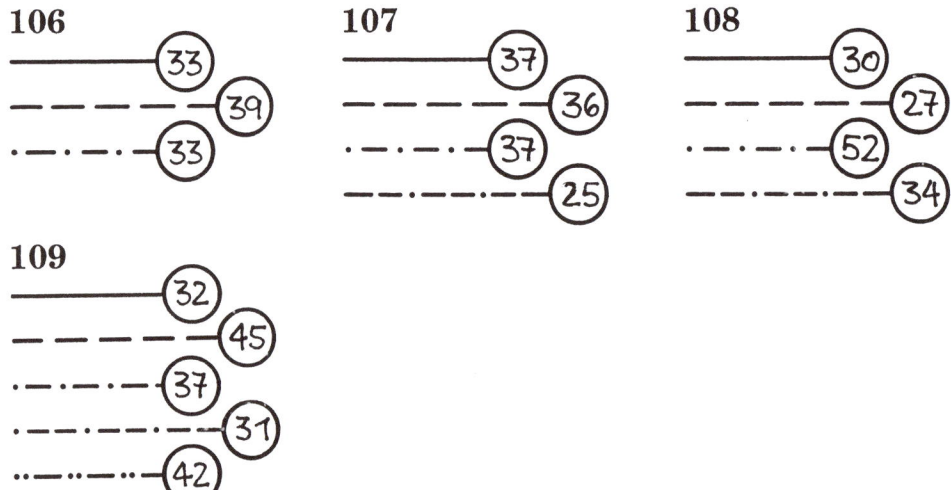

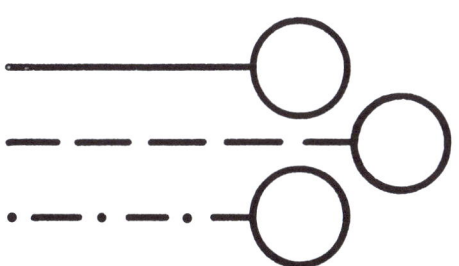

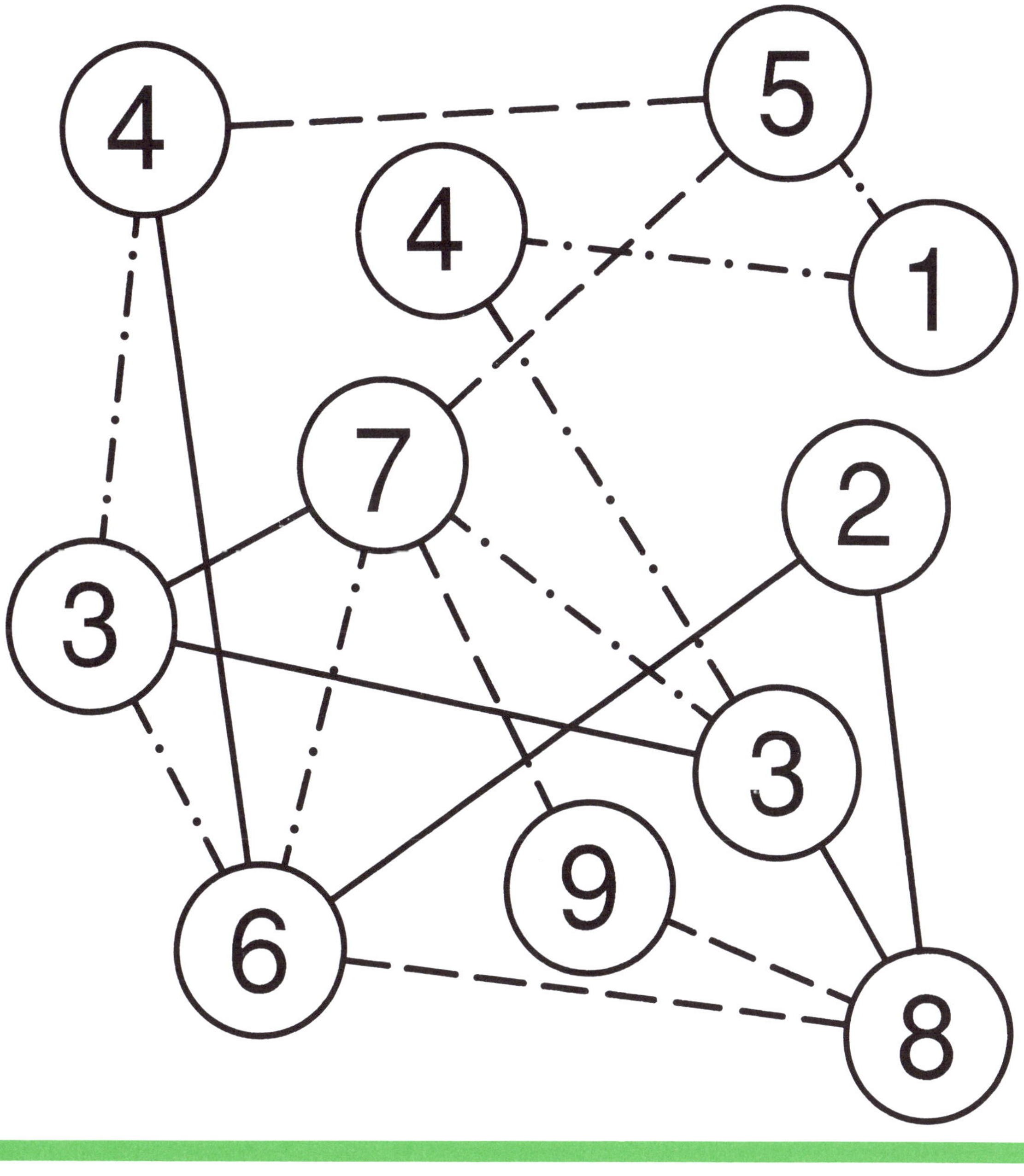

# Wie groß ist die Summe?

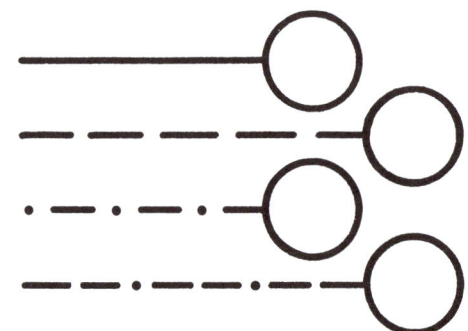

**107**

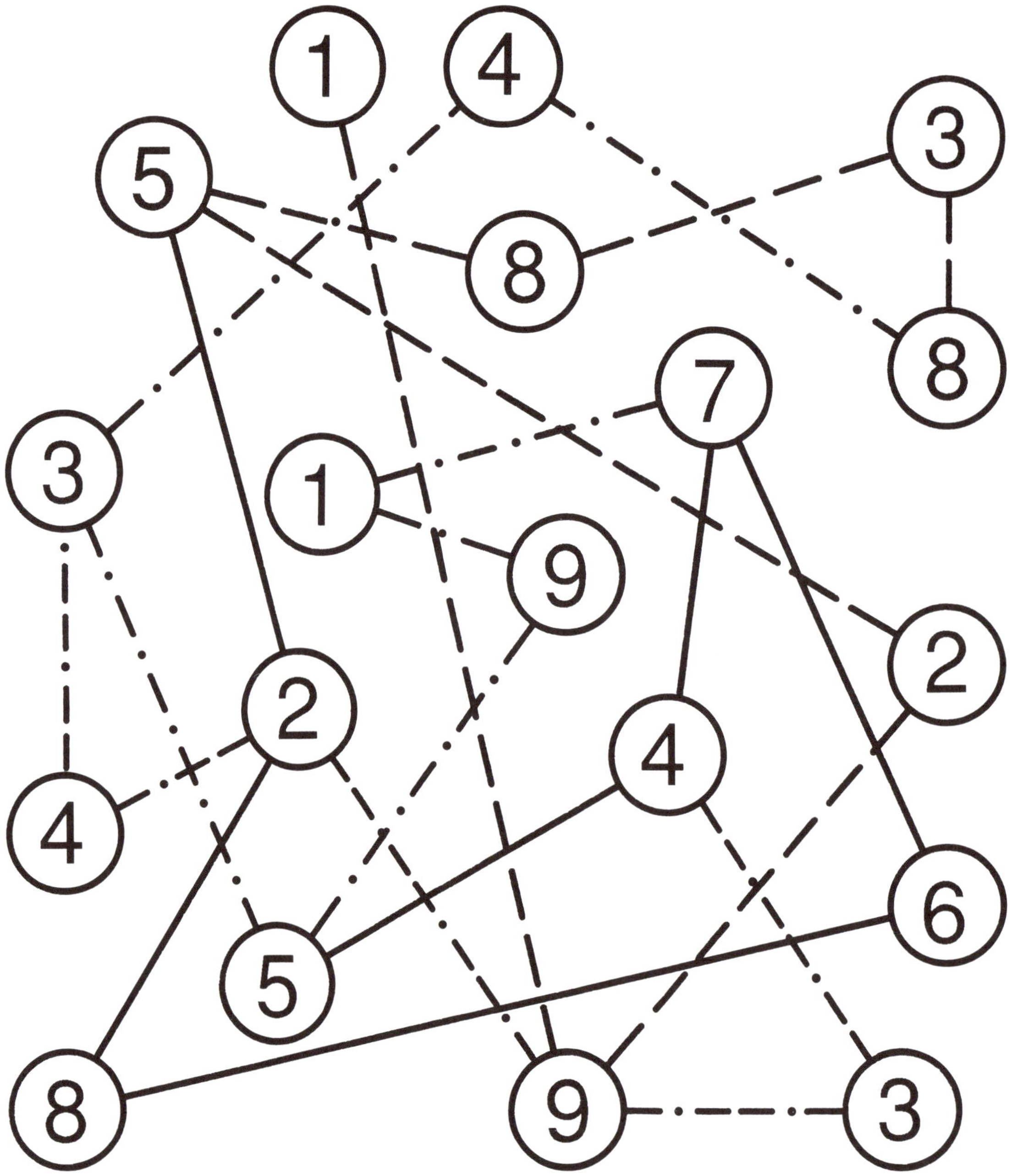

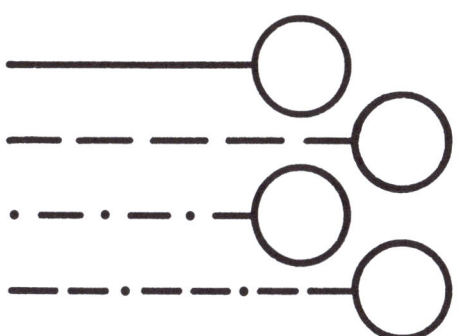

108

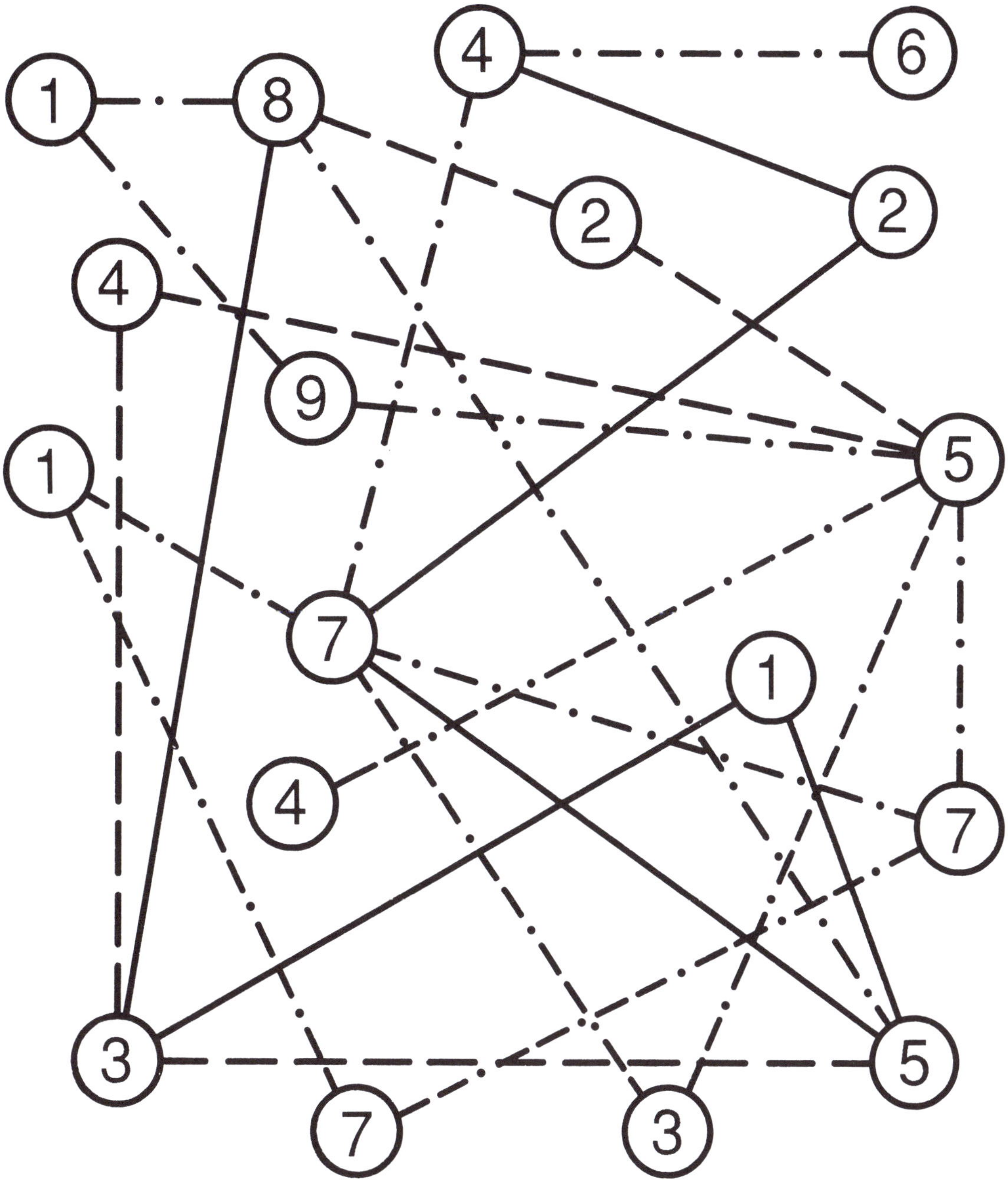

# Wie groß ist die Summe?

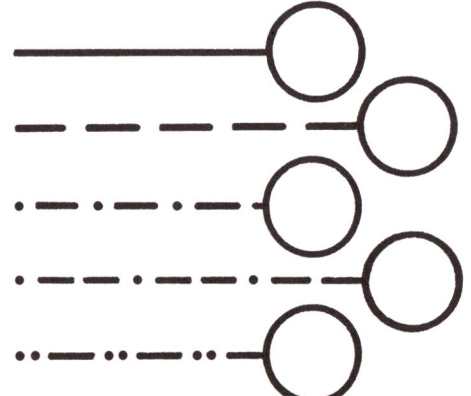

**109**

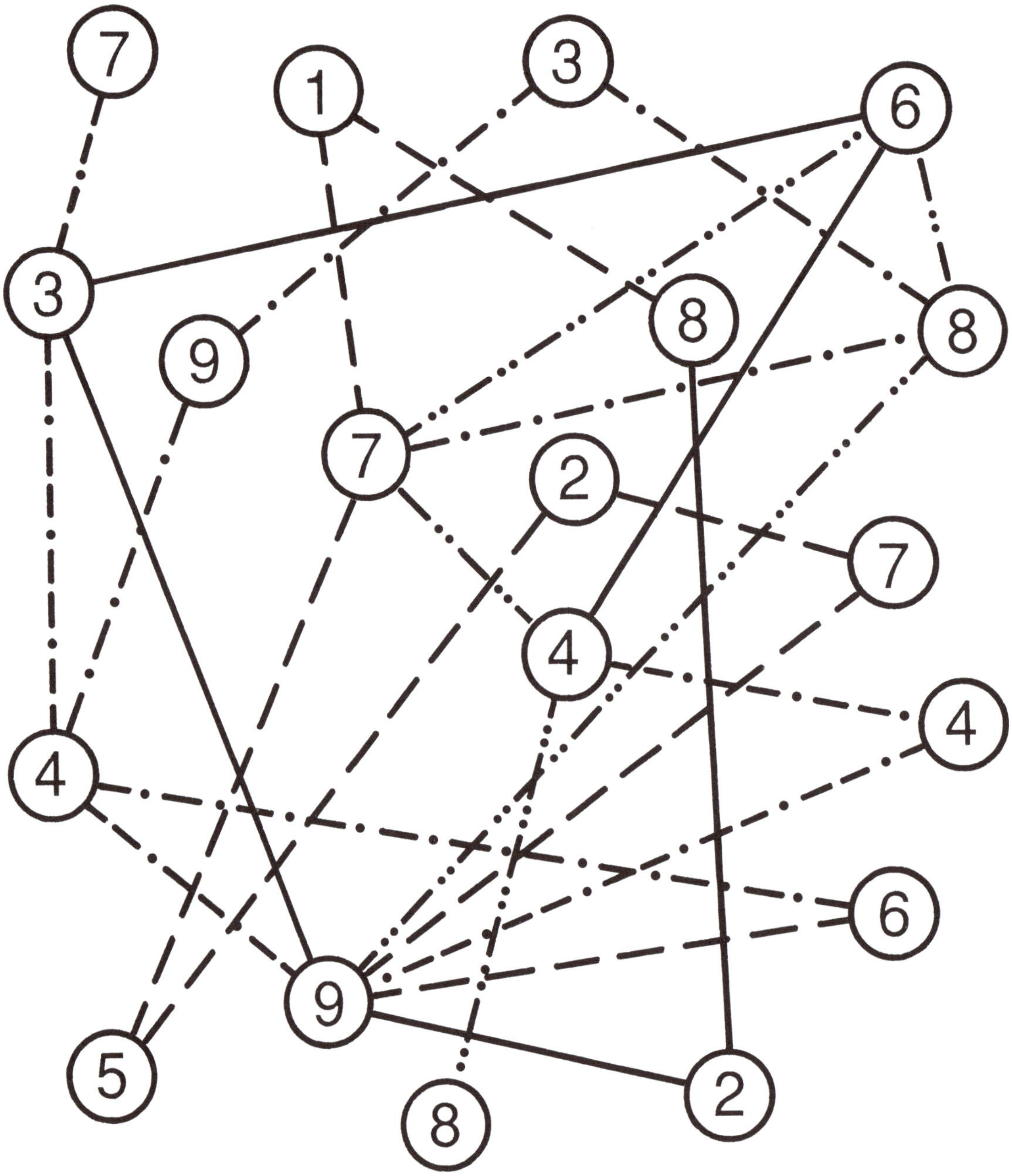